STEFFEN
HENSSLER
Hauptsache lecker!

STEFFEN HENSSLER

Hauptsache lecker!

Fotografie Marc Eckardt

Inhalt

Steffen ganz persönlich

Wer kocht, hat mehr vom Leben

Das glaube ich wirklich. Deswegen will ich mit diesem Buch meinen Teil dazu beitragen, dass viele Leute richtig Spaß am Kochen haben. Mein Ziel sind kontrastreiche Kompositionen: süß, salzig, bitter, sauer und scharf – erst durch die Verbindung unterschiedlicher Geschmacksrichtungen wird Essen interessant. Wenn am Gaumen nichts passiert, langweilt mich ein Gericht. Entscheidend ist, dass die einzelnen Bestandteile harmonieren.

Meine Rezepte enthalten die eine oder andere ungewöhnliche Zutat – die meisten bekommt man jedoch in gut sortierten Supermärkten oder zumindest im Asialaden. Fast alle Rezepte sind auf jeden Fall schnell gemacht. Ich bin kein Freund von langer Vorbereitung und komplizierten Zubereitungsarten.

Eine kleine Ausnahme bilden die Sushi-Rollen, die bei mir natürlich dazugehören und ein bisschen Übung verlangen. Aber das Zubereiten wird in meiner kleinen *Sushi-Schule* (s. S. 110) Schritt für Schritt erklärt, sodass die leckeren Röllchen wirklich jeder Interessierte ganz schnell nachmachen kann.

→

Vom Land und aus dem Meer

Ich bin ja bekannt als Fischliebhaber. Einem ordentlichen Steak oder einem saftigen Hähnchen bin ich aber ebenfalls nicht abgeneigt, das gehört für mich zur ausgewogenen Ernährung dazu. Auch die Vegetarier werden in fast allen Kapiteln etwas nach ihrem Geschmack finden, sogar im Kapitel *Grillen – draußen & drinnen*.

Das Buch ist zudem, anders als viele andere Kochbücher, nicht nach Vorspeisen, Hauptgerichten und Desserts gegliedert. Ich zum Beispiel esse nur zu besonderen Gelegenheiten ein ganzes Menü und

suche mir sonst immer Gerichte aus, die zeit- und mengenmäßig gerade in meinen Tagesablauf passen. Manchmal brauche ich nur einen kleinen, eher leichten Snack. Entsprechende Rezepte gibt es in den Kapiteln *Fitnessfood* und *Asiatische Brotzeit*. Richtige Hauptmahlzeiten finden sich in fast allen Kapiteln, ebenso leckere Suppen und Eintöpfe. Abends nach der Arbeit fehlt oft die Zeit, und trotzdem soll etwas Warmes in den Bauch? Dann schaut mal ins Kapitel *Feierabend*. Die besten Rezepte zum Feiern mit Freunden gibt es im Grill-Kapitel und im Kapitel *Küchenparty*. Und Dessertfans finden viele verführerische Rezepte unter *Süße Sachen*.

Ein Feature, das sich durch alle Kapitel zieht, sind die 4er-Seiten, auf denen es vier kurze Rezepte zu einem Thema gibt: Spargel, Rindfleisch, Lachs, Dips und Kartoffelsalat. Dort gibt es Beispiele, wie man aus ein und derselben Zutat ganz unterschiedliche Gerichte zaubern kann.

Kreativ kombiniert

Wer sich ein Menü zusammenstellen will, kann sich kreuz und quer bedienen und kombinieren, was ihm gefällt. Wie wäre es beispielsweise für das nächste Essen mit Freunden mit dem *Gebratenen Salat mit Meeresfrüchten*, *Chili-Hähnchenkeulen mit Bratkartoffeln* und *Kefirmousse mit Kompott*? Und Fans schmackhafter Kleinigkeiten könnt ihr mit *Sashimi von der Jakobsmuschel*, *Tempura nach italie-*

nischer Art, *Sushi-Rolle mit Huhn* und *Rump-steakscheiben in Rosmarinbutter*, gefolgt vom *Piña-Colada-Schlupfer* beglücken. Es gibt unzählige Kombinationsmöglichkeiten – alles, was gefällt und schmeckt, ist erlaubt. Ihr solltet allerdings beim Zusammenstellen darauf achten, dass das Menü abwechslungsreich ist. Bei einem Salat als Vorspeise also keinen Salat als Beilage zum Hauptgericht nehmen, bei einem üppigen Hauptgang eher eine kleine Vorspeise und ein leichtes Dessert aussuchen. Wer Sushi als Vorspeise serviert, sollte nicht gerade Reis als Beilage zum Hauptgang wählen, das wird sonst eintönig. Doch im Prinzip gilt auch hier: Hauptsache lecker!

Alle werden satt

Die meisten Rezepte sind für vier Personen gedacht, und von den Portionen der Hauptgerichte werden auch Männer satt. Im Kapitel *Feierabend* gibt es viele 2-Personen-Rezepte, weil ja abends unter der Woche meist nicht für große Runden gekocht wird. Wer trotzdem eines dieser Rezepte für Gäste kochen will: kein Problem! Einfach die Zutaten an die Zahl der Esser anpassen. Beim Kochen aber dann daran denken, dass sich wahrscheinlich auch die Garzeit etwas verlängert.

Manchmal ist die Menge auch für 2–4 Personen angegeben. Die Zutaten im Rezept reichen dann für vier Leute als Zwischenmahlzeit oder Vorspeise oder als Hauptgericht für zwei. Bei den Desserts gibt es auch Rezepte für sechs Personen – sie bilden ja meist den Abschluss eines Menüs für Gäste.

Wichtiges zum Schluss

Im Anhang gibt es Tipps zur Auswahl, Verarbeitung und Lagerung von Lebensmitteln, eine Anleitung zum Kochen von Sushi-Reis und Rezepte für spezielle Saucen, die für viele Gerichte benötigt werden (Teriyaki-Sauce,

Ponzu-Sauce, Süße Chilisauce). Apropos Sauce – für viele Rezepte wird Sojasauce benötigt: Unbedingt die japanische Variante kaufen!

Außerdem habe ich eine Liste mit Zutaten zusammengestellt, die man immer im Haus haben sollte, wenn man auch mal spontan aus diesem Kochbuch kochen möchte. Außerdem gibt es ein Glossar mit ausführlichen Erläuterungen zu den asiatischen Zutaten, die vielleicht nicht jeder kennt.

Ganz persönlich

Ein Standardwerk der deutschen Küche wollte ich mit diesem Kochbuch bestimmt nicht verfassen – vielmehr ist ein sehr persönliches Buch über meine spezielle Art des Kochens entstanden.

Und jetzt: Viel Spaß beim Lesen, Kochen und Genießen!

Euer Steffen Henssler

Feier-abend

Die Rezepte bieten den perfekten Start in einen erholsamen Feierabend. Weil da in der Regel nicht viel Zeit zum Kochen bleibt, sind die meisten schnell zuzubereiten. Ein paar verlangen allerdings ein bisschen Vorarbeit. Es gibt Rezepte für 2 und für 4 Personen, letztere lassen sich entweder aufwärmen oder gut ins Büro mitnehmen oder beides.

>> Das ist eine leckere Abwandlung der Frühlingsrolle vom Chinesen. Wenn ihr kein Saiblingsfilet bekommt, könnt ihr auch gut Lachs, Forelle oder Ähnliches nehmen. Der Fisch sollte aber schon aus der Familie der Lachsfische stammen.

Saibling im Knusperteig mit Apfel-Ingwer-Mus

für 2 Personen

6 Blätter Frühlingsrollenteig
  (tiefgekühlt)
1 rote Chilischote
1 kleine Knoblauchzehe
2 TL Fischsauce
4 EL Sojasauce
1 TL abgeriebene Schale
  von 1 Bio-Limette
2 TL Limettensaft
200 g Saiblingsfilet
4 Blätter Chinakohl
1 Möhre
2 cm Ingwerwurzel (10 g)
2 kleine Äpfel
2 EL Reisessig
1 EL Honig
250 ml Sonnenblumenöl
½ Bund Schnittlauch

Zubereitungszeit:
30 Minuten + 30 Minuten
Kühlen

1 Frühlingsrollenteig auftauen lassen. Chilischote und Knoblauch fein hacken. Mit Fischsauce, Sojasauce, Limettenschale und -saft verrühren. Saiblingsfilet entgräten und in 6 Stücke schneiden. In einer Schale mit der Marinade vermischen, 30 Minuten kühlen.

2 Chinakohlblätter waschen, abtropfen lassen und in feine Streifen schneiden. Möhre schälen und mit dem Sparschäler in hauchdünne Streifen schneiden. Ingwer schälen und fein würfeln. Äpfel schälen, vierteln, entkernen und in dünne Scheiben schneiden. Mit Ingwerwürfeln, Reisessig, Honig und 2 EL Wasser in einem kleinen Topf aufkochen, bei mittlerer Hitze zugedeckt 10 Minuten garen. Mit dem Stabmixer pürieren und in eine Schüssel füllen.

3 Frühlingsrollenteig mit der Spitze zur Tischkante auf die Arbeitsfläche legen. Einige Chinakohl- und Möhrenstreifen in die Mitte geben, mit je 1 Stück mariniertem Saiblingsfilet belegen (Marinade aufheben). Seitliche Teigecken nach innen über die Füllung klappen. Die Teigblätter von unten nach oben fest einrollen. Insgesamt sechsmal wiederholen. 1 EL Öl in eine Pfanne geben. Restliches Öl in einem Topf erhitzen, die Rollen darin bei mittlerer Hitze in 3–4 Minuten goldbraun ausbacken. Herausheben, auf Küchenpapier abtropfen lassen.

4 Öl in der Pfanne erhitzen. Die restlichen Möhren- und Chinakohlstreifen darin kräftig anbraten und mit der Saiblingsmarinade ablöschen. Schnittlauch in Stücke schneiden und untermischen. Wer gerne Möhre und Chinakohl mag, kann ruhig mehr davon in Streifen schneiden. Die Saiblingsröllchen zu dem gebratenen Gemüse anrichten und mit dem Apfel-Ingwer-Mus servieren.

Klassischer Caesar Salad, der vom Italoamerikaner Cesare Cardini 1924 kreiert wurde, wird ganz ohne Fleisch serviert.

» Dieses Gericht lässt sich schnell für Gäste zubereiten, wenn man abends hungrig von der Arbeit kommt. Nur das Marinieren muss am Abend vorher erledigt werden! Wer es ganz eilig hat, kann das Lamm auch in der Pfanne fertig braten.

Caesar Salad mit mariniertem Lammfilet

für 4 Personen
1 Chilischote
2 Knoblauchzehen
2 cm Zimtstange
1 EL Koriandersamen
1 EL schwarze Pfefferkörner
7 EL Olivenöl
abgeriebene Schale
    von 1 Bio-Limette
400 g Lammfilet
2 Eigelb
1 EL scharfer Senf
3 EL Limettensaft
100 ml Sonnenblumenöl
5 EL Sahnejoghurt
    (10% Fettgehalt)
40 g Parmesan, fein
    gerieben
1 EL Worcestersauce
Salz, Pfeffer, Zucker
250 g Römersalatherzen
2 Scheiben Toastbrot
3 EL Butter
30 g Parmesan, grob
    geraspelt

Zubereitungszeit:
35 Minuten + 6 Stunden
Marinieren

1 Chilischote waschen, längs halbieren, entkernen und fein hacken. 1 Knoblauchzehe schälen und fein hacken. Zimtstange, Koriandersamen und Pfefferkörner in einem Mörser fein zermahlen. In einer Tasse mit 5 EL Olivenöl und Limettenschale verrühren. Lammfilets waschen und trocken tupfen. Mit der Marinade in einen Gefrierbeutel geben und mindestens 6 Stunden, am besten über Nacht, im Kühlschrank ziehen lassen. (Bei Zeitmangel entsprechend kürzer, aber das Fleisch nimmt dann den Geschmack der Marinade nicht so gut an.)

2 Am nächsten Tag den restlichen Knoblauch (1 Zehe) schälen und fein hacken. In einer Schüssel Eigelbe, Senf und Limettensaft verrühren. Sonnenblumenöl erst tropfenweise, dann in dünnem Strahl mit dem Schneebesen zügig unterrühren. Den gehackten Knoblauch, den Joghurt, den geriebenen Parmesan und die Worcestersauce hinzufügen. Dressing mit Salz, Pfeffer und 1 Prise Zucker abschmecken.

3 Römersalat putzen, waschen und Blätter in etwa 2 cm breite Streifen schneiden. Toastbrot entrinden und in etwa 1 cm große Würfel schneiden. Butter in einer Pfanne erhitzen. Toastbrotwürfel darin von allen Seiten goldbraun rösten und auf Küchenpapier abtropfen lassen. Backofen auf 160 °C Ober-/Unterhitze vorheizen.

4 Lammfilets aus der Marinade nehmen, mit Küchenpapier trocken tupfen und salzen. Das restliche Olivenöl (2 EL) in einer ofenfesten Pfanne erhitzen. Lammfilets bei starker Hitze 2–3 Minuten rundherum anbraten. Anschließend mit der Pfanne im heißen Ofen auf der zweiten Schiene von unten 8–10 Minuten garen. Das Fleisch herausnehmen, 2 Minuten ruhen lassen.

5 Römersalatstreifen mit dem Dressing in einer Schüssel mischen. Das Lammfilet in Scheiben schneiden und mit dem Salat auf Tellern anrichten. Mit dem geraspelten Parmesan bestreuen.

≫ Dieses Süppchen ist meine Version des Klassikers »Melone mit Schinken« und nicht nur an heißen Sommerabenden der Renner. Es passt auch super zum Brunchbüfett oder als Vorspeise zum Grillfleisch.

Honigmelonensuppe mit knusprigem Serranoschinken

für 4 Personen: 1 Bio-Limette // 800 g Cantaloupe-Melone // ½ TL Currypulver // 100 ml Mineralwasser // Salz, Cayennepfeffer // 8 dünne Scheiben Serranoschinken // 1 Bio-Zitrone

Zubereitungszeit: 20 Minuten + 3 Stunden Kühlen

1 Für die Suppe die Limette heiß abspülen, die Schale fein abreiben, dann die Limette halbieren und 4 EL Saft auspressen. Melone halbieren, entkernen, schälen und das Fruchtfleisch in Stücke schneiden. Melonenstücke mit 2–3 EL Limettensaft, Currypulver und Mineralwasser in der Küchenmaschine oder mit dem Stabmixer fein pürieren. Mit Salz, Cayennepfeffer und Limettensaft abschmecken und mindestens 3 Stunden abgedeckt kalt stellen.

2 Kurz vor dem Servieren den Schinken in einer Pfanne ohne Fett portionsweise knusprig braten. Auf Küchenpapier abtropfen lassen. Die Zitrone heiß abspülen und in dünne Scheiben schneiden. Die Suppe in Schalen füllen und mit Schinken und Zitronenscheiben anrichten. Mit der Limettenschale bestreuen und servieren.

>> **Für das Pesto braucht man wirklich Thai-Basilikum, sonst ist der Pfiff weg. Aber es lohnt sich, denn die Verbindung aus Thai-Basilikum und Greyerzer ergibt einen unglaublich guten, intensiven Geschmack.**

Spaghetti mit Thai-Basilikum-Pesto

für 4 Personen

2 EL Cashewkerne
1 Knoblauchzehe
1 Bund Thai-Basilikum
  (etwa 80 g)
120 ml Sonnenblumenöl
1–2 EL Limettensaft
Salz, Pfeffer
80 g Greyerzer, fein gerieben
400 g Spaghetti

**Zubereitungszeit:
20 Minuten**

1 Für das Pesto die Cashewkerne in einer Pfanne ohne Fett goldbraun rösten, abkühlen lassen und in der Küchenmaschine oder mit dem Blitzhacker fein hacken. Knoblauch schälen und grob hacken. Thai-Basilikum waschen, trocken schütteln und die Blätter von den Stielen zupfen. Einige Blätter für die Garnitur zur Seite legen. Die restlichen Blätter fein schneiden.

2 Basilikumblätter mit Öl und etwas Limettensaft in der Küchenmaschine oder mit dem Stabmixer fein pürieren. Mit Salz und Pfeffer würzen. Gehackte Cashewkerne, Knoblauch und den geriebenen Käse gut untermengen. Nochmals mit Salz, Pfeffer und Limettensaft abschmecken.

3 Spaghetti nach Packungsanweisung in kochendem Salzwasser bissfest garen. In ein Sieb abgießen, dabei 50 ml vom Nudelwasser auffangen. Spaghetti in einer großen Schüssel mit Pesto und Nudelwasser vermischen. Mit den restlichen Thai-Basilikum-Blättern bestreuen.

>> Dieses Gericht entstand in meiner heimischen Küche. Ich hatte Hunger auf etwas Deftiges und habe dafür alles verarbeitet, was sich gerade im Kühlschrank befand. Schmeckt am besten, wenn der Mozzarella noch warm ist.

Scharfer Tomaten-Bohnen-Salat

für 2 Personen
1 Büffelmozzarella (125 g)
50 g Keniabohnen
Salz
2 Tomaten
½ rote Chilischote
1 Schalotte
3 Zweige Thymian
3 TL Weißweinessig
1 EL Olivenöl
2 Scheiben Holzofenbrot

**Zubereitungszeit:
20 Minuten**

1 Mozzarella trocken tupfen und mit den Händen in kleine Stücke zupfen. Wenn kein Büffelmozzarella im Kühlschrank ist, geht der normale natürlich auch. Auf Küchenpapier abtropfen lassen. Bohnen putzen, in etwa 2 cm lange Stücke schneiden und in kochendem Salzwasser 3–4 Minuten garen. Unter fließendem kaltem Wasser abschrecken und in einem Sieb abtropfen lassen.

2 Tomaten waschen und in etwa 1 cm große Würfel schneiden, dabei den Stielansatz und die Kerne entfernen. Chilischote waschen, entkernen und in dünne Ringe schneiden. Schalotte schälen und fein würfeln. Thymianblättchen von den Stielen zupfen. Tomaten- und Schalottenwürfel, Chili, Thymian und Bohnen mit Essig und Öl in einer Schüssel mischen. 10 Minuten ziehen lassen.

3 Backofengrill auf der höchsten Stufe vorheizen. Brotscheiben auf ein Backblech legen. Tomatensalat in ein Sieb schütten und abtropfen lassen, mit Salz würzen und auf die Brotscheiben verteilen. Mit den Mozzarellastückchen bestreuen. Das Backblech oben in den Ofen schieben und die Brote unter dem heißen Backofengrill 5–6 Minuten überbacken.

» Eines meiner persönlichen Lieblingsgerichte! Wenn man die Eier etwas länger frittiert, kann man sie noch Stunden später essen. Sie bleiben einfach lecker. Das ist für die Mittagspause oder für Partys sehr praktisch. Schnell geht das Ganze außerdem noch.

Frittierte Eier auf Kressesalat

für 4 Personen
½ Bund Schnittlauch
2 EL helle Sesamsamen
5 EL Sojasauce
1 TL dunkles Sesamöl
Pfeffer
80 g Babyspinat
80 g Brunnenkresse
1 Kästchen Shiso-Kresse
3 EL süße Chilisauce
  (Seite 232)
1 EL Zitronensaft
2 EL Olivenöl
Salz
500 ml Sonnenblumenöl
4 Eier, Größe M

Zubereitungszeit:
20 Minuten

1 Schnittlauch waschen, trocken schütteln und in feine Röllchen schneiden. Sesamsamen in einer Pfanne ohne Fett goldbraun rösten. Sojasauce in einer Tasse mit Sesamöl, 1 EL gerösteten Sesamsamen und Schnittlauchröllchen verrühren. Mit Pfeffer würzen.

2 Spinat und Brunnenkresse waschen, putzen und trocken schleudern. Brunnenkresseblätter abzupfen, Shiso-Kresse abschneiden. Spinat, Brunnenkresse und Shiso-Kresse in einer Schüssel mischen. Wenn ihr keine Kresse mögt, nehmt einfach einen Blattsalat eures Vertrauens. Für das Salatdressing Chilisauce mit Zitronensaft und Olivenöl verquirlen. Mit Salz und Pfeffer abschmecken.

3 Sonnenblumenöl in einem Topf auf 180 °C erhitzen. Die Eier einzeln in kleinen Schüsselchen (oder Tassen) aufschlagen. Nacheinander mit einer Suppenkelle ins heiße Fett gleiten lassen. Mit einem Löffel heißes Öl über die Eier schöpfen und diese in 2 Minuten goldbraun ausbacken. Mit der Schaumkelle aus dem Öl heben und auf Küchenpapier abtropfen lassen.

4 Den Salat mit dem Chilidressing mischen. Die Eier mit der Soja-Sesam-Sauce beträufeln und mit den restlichen Sesamsamen bestreuen. Mit dem Salat servieren.

≫ An Surimi scheiden sich bekanntlich die Geister. Für ein Omelett ist es aber eine durchaus vertretbare und günstige Alternative zu echtem Krebsfleisch. Am besten schmeckt es natürlich mit Königskrabbenfleisch, aber dafür muss man richtig tief in die Tasche greifen.

Gefülltes Omelett mit Frischkäse

für 2 Personen

4 Eier, Größe M
1 TL Sake
3 TL Sojasauce
Salz, Zucker
1 TL geriebene Ingwerwurzel
2 EL Weißweinessig
7 EL Sahne
Pfeffer
¼ Salatgurke
4 Stängel Koriandergrün
2 EL Doppelrahmfrischkäse
4 Surimi-Sticks
2 EL Sonnenblumenöl
1 TL Butter

Zubereitungszeit:
30 Minuten

1 In einer Schüssel Eier, Sake, Sojasauce, je 1 Prise Salz und Zucker verrühren. Ingwer mit dem Essig und 4 EL Sahne in einer Salatschüssel vermengen. Mit Salz und Pfeffer würzen. Gurke schälen und in feine Streifen schneiden. Koriandergrün waschen, trocken schütteln, Blättchen abzupfen und fein hacken. Mit Gurkenstreifen und Ingwer-Sahne-Sauce vermischen. Wer keinen Koriander mag, kann Dill oder Petersilie nehmen.

2 Frischkäse mit der restlichen Sahne (3 EL) verrühren. Surimi-Sticks in feine Streifen schneiden, mit dem Frischkäse vermengen. Je 1 EL Öl und ½ TL Butter in einer kleinen Pfanne (20 cm Ø) erhitzen. Die Hälfte der Eimasse in die Pfanne geben. Bei milder Hitze stocken lassen, dabei mit einem Pfannenwender immer wieder zum Pfannenrand schieben. Ist das Omelett gestockt, den Surimi-Frischkäse darauf verteilen. Das Omelett halb umklappen und auf einen Teller gleiten lassen. Das zweite Omelett genauso backen. Mit dem Gurkensalat servieren.

>> Das ist eines der beliebtesten Gemüsegerichte in meinem Restaurant *Henssler Henssler*. Auf die Idee dazu bin ich zusammen mit meinem Küchenchef Tobias gekommen. Wir wollten das klassische Ratatouille auf unseren Küchenstil trimmen, und das ist uns doch ganz gut geglückt, oder?

Ratatouille à la Henssler

für 4 Personen
300 g Zucchini
300 g Aubergine
100 g Shiitakepilze
4 Schalotten
3 EL helle Sesamsamen
4 Tomaten
Salz
½ Bund Koriandergrün
3 EL Sonnenblumenöl
150 ml Teriyaki-Sauce
   (Seite 232)
150 g Crème fraîche
1–2 EL dunkles Sesamöl
Pfeffer
2–3 EL scharfe Chilisauce
   (Sriracha)

**Zubereitungszeit:
25 Minuten**

1 Zucchini und Aubergine waschen, putzen, längs halbieren und in mundgerechte Stücke schneiden. Shiitakepilze putzen und ebenfalls in Stücke schneiden. Schalotten schälen und in Spalten schneiden. Sesamsamen in einer Pfanne ohne Fett goldbraun rösten. Tomaten waschen, den Stielansatz herausschneiden. In kochendem Salzwasser etwa 30 Sekunden blanchieren, kalt abschrecken und die Haut abziehen. Tomaten vierteln, entkernen und klein schneiden. Koriandergrün waschen, trocken schütteln und mit den zarten Stielen grob hacken. (Ihr könnt auch glatte Petersilie nehmen, wenn ihr Koriander nicht mögt.)

2 Das Sonnenblumenöl in einer großen beschichteten Pfanne erhitzen. Auberginen-, Zucchini- und Pilzstücke darin bei starker Hitze 3–4 Minuten anbraten. Schalotten und Tomaten dazugeben und 2 Minuten mitbraten. Die Hälfte des Korianders und der Sesamsamen einrühren. Teriyaki-Sauce, Crème fraîche und Sesamöl hinzufügen. Alles aufkochen und mit Salz, Pfeffer und Chilisauce abschmecken. Vor dem Servieren mit dem restlichen Koriander und dem restlichen Sesam bestreuen.

>> Die Freundinnen kommen zu Besuch? Dieses Rezept kommt bei einer Mädelsrunde sicher gut an! Zart-süße Hähnchenspieße, leicht scharfes Kartoffelpüree und ein Hauch von Kokos. Ein gelungener Start in den Abend.

Hähnchenspieß mit Kokos-Kartoffel-Püree

für 4 Personen

750 g mehligkochende
   Kartoffeln
Salz
1–2 rote Chilischoten
   (nach Geschmack)
2 Hähnchenbrüste
   (à etwa 180 g)
1 Bio-Limette
2 Knoblauchzehen
2 cm Ingwerwurzel (10 g)
1 EL Honig
80 ml Sojasauce
Pfeffer
1 kleine Zwiebel
150 ml Geflügelfond
1 EL Speisestärke
2 EL Sonnenblumenöl
60 g Butter
80 ml Kokosmilch
2 EL gehacktes
   Koriandergrün

**Zubereitungszeit:
40 Minuten**

1 Kartoffeln schälen und in kochendem Salzwasser in 20–25 Minuten garen. 8 Holzspießchen 20 Minuten wässern. Chilischoten waschen, entkernen, fein hacken. Hähnchenbrüste waschen, trocken tupfen, in 3 cm große Würfel schneiden. Limette heiß abwaschen, Schale fein abreiben, Saft auspressen. Knoblauch und Ingwer schälen, fein hacken. Limettensaft, Limettenschale, Knoblauch, Ingwer, Honig und Sojasauce in einer Schüssel verrühren. Mit Salz und Pfeffer würzen. Hähnchenwürfel mit der Marinade vermengen. 15 Minuten kalt stellen. In ein Sieb geben und die Marinade in einen Topf abtropfen lassen.

2 Zwiebel schälen und in 2 cm breite Spalten schneiden. Marinierte Hähnchenwürfel und Zwiebelspalten abwechselnd auf die Holzspieße stecken. Geflügelfond zur Marinade in den Topf schütten und aufkochen. Speisestärke mit kaltem Wasser anrühren, Sauce damit binden. Vom Herd nehmen, durch ein Sieb streichen und warm stellen. Öl in einer Pfanne erhitzen, Spieße darin in 6 Minuten rundherum goldbraun braten.

3 Butter und Kokosmilch erhitzen. Kartoffeln abgießen und 100 ml vom Kochwasser auffangen. Kartoffeln durch die Kartoffelpresse in eine Schüssel drücken, heiße Buttermischung, Kochwasser und gehackten Chili mit dem Schneebesen untermischen. Salzen und pfeffern. Nicht zu viel rühren, sonst wird das Püree zäh wie Kleister! Die Spieße mit der Sauce beträufeln und mit dem Kartoffelpüree anrichten. Mit Koriander bestreuen.

Teriyaki-Sauce gibt es natürlich auch zu kaufen. Aber Selbermachen lohnt sich: Die Sauce schmeckt einfach besser.

≫ Das Gericht hat Matthias, einer meiner Jungs im Restaurant, mal für mich gemacht. Ich kam gerade vom Dreh für eine Kochshow und hatte tierischen Hunger. Hab nur gesagt: »Mach was Schnelles, aber richtig lecker!«

Teriyaki-Steak mit Bohnen

für 4 Personen
200 ml Teriyaki-Sauce
  (Seite 232)
6 EL Sojasauce
4 Rinderfiletsteaks aus dem
  Mittelstück (à 200 g)
500 g grüne Bohnen
Salz
2 rote Zwiebeln
1 Knoblauchzehe
1 rote Chilischote
8 Stängel Thai-Basilikum
2 EL Sonnenblumenöl
80 g Butter
Pfeffer

Zubereitungszeit:
25 Minuten + 20 Minuten
Marinieren

1 Teriyaki- und Sojasauce in einer Schüssel mischen. Steaks darin 20–30 Minuten marinieren. Bohnen waschen und in etwa 3 cm lange Stücke schneiden. Bohnen in kochendem Salzwasser in 8–10 Minuten bissfest garen. Kalt abschrecken, im Sieb abtropfen lassen. Zwiebeln und Knoblauch schälen und in dünne Ringe schneiden. Chilischote waschen, entkernen, in dünne Streifen schneiden. Thai-Basilikum waschen, trocken schütteln, Blätter abzupfen und in feine Streifen schneiden. Falls kein Thai-Basilikum zur Hand ist: Koriander oder Petersilie passen auch.

2 Steaks aus der Marinade heben und abtropfen lassen. Öl in einer Pfanne erhitzen und die Steaks darin 3–4 Minuten auf jeder Seite anbraten. Aus der Pfanne nehmen und 2 Minuten ruhen lassen. Inzwischen die Butter in einem weiten Topf erhitzen. Zwiebeln, Knoblauch und Chili darin andünsten. Bohnen dazugeben und kurz mitdünsten. Thai-Basilikum untermischen. Alles mit Salz und Pfeffer würzen. Die Steaks mit dem Bohnengemüse zusammen auf den Tellern anrichten.

>> Einer meiner Lieblingseintöpfe. Einfach alle Pilze klein schneiden, die der Gemüsemarkt hergibt, und ab in einen Topf damit. Kartoffeln dazu und etwas Speck – fertig! Kann man gut am nächsten Tag noch mal aufwärmen, also vielleicht gleich die doppelte Menge kochen und mit ins Büro nehmen.

Pilzeintopf mit Kartoffeln und Sellerie

für 2 Personen

15 g getrocknete Steinpilze
1 Zwiebel
150 g Knollensellerie
200 g festkochende
   Kartoffeln
2 Tomaten
400 g gemischte Pilze (z. B.
   Shiitake, Kräuterseitlinge,
   Champignons)
2 EL Sonnenblumenöl
80 g durchwachsener Speck,
   fein gewürfelt
Salz, Pfeffer
1 EL gehackte
   Majoranblättchen
½ Bund Petersilie

Zubereitungszeit:
25 Minuten

1 Getrocknete Steinpilze in 50 ml warmem Wasser 15 Minuten einweichen. Zwiebel schälen und fein würfeln. Sellerie und Kartoffeln schälen. Sellerie in kleine Würfel, Kartoffeln in Spalten schneiden. Tomaten vierteln, entkernen und in Streifen schneiden. Pilze putzen und halbieren oder vierteln. Öl in einem Topf erhitzen. Speck darin 1 Minute anbraten. Zwiebel dazugeben und glasig braten. Sellerie und Kartoffelspalten hinzufügen, kurz mitbraten. Mit 400 ml Wasser aufgießen. Einmal aufkochen, dann die Hitze reduzieren. Mit Salz und Pfeffer kräftig würzen.

2 Eingeweichte Pilze ausdrücken und hacken. Das Einweichwasser durch ein feines Sieb zum Eintopf gießen. Getrocknete und frische Pilze ebenfalls dazugeben. Zugedeckt bei mittlerer Hitze etwa 7 Minuten garen. Zum Schluss die Tomaten dazugeben und 1 Minute mitkochen. Majoran dazugeben und noch einmal mit Salz und Pfeffer abschmecken. Petersilie waschen, trocken schütteln und fein hacken. Vor dem Servieren über den Eintopf streuen.

4 × Spargel

Spargel in der Folie

für 2 Personen: 10 Stangen grüner Spargel //
6 Kirschtomaten // 1 rote Chilischote // 2 rote
Zwiebeln // 2 Zweige Rosmarin // 50 ml Olivenöl // 100 ml Sojasauce // 100 ml Mirin

Zubereitungszeit: 30 Minuten

1 Spargel im unteren Drittel schälen, holzige
Enden abschneiden und schräg in etwa 3 cm
lange Stücke schneiden. Tomaten waschen, halbieren und dabei den Stielansatz entfernen. Chilischote waschen, entkernen und in dünne
Scheiben schneiden. Zwiebeln schälen und in
dünne Spalten schneiden.

2 Backofen auf 200 °C (Umluft 180 °C) vorheizen.
2 Bögen Alufolie (30 × 30 cm) auf die Arbeitsfläche legen. Spargel, Tomaten, Chili, Zwiebeln
und Rosmarinzweige in zwei Portionen darauf
verteilen. Mit dem Olivenöl und je 50 ml Sojasauce und Mirin beträufeln. Die Folien zu Päckchen verschließen und auf ein Backblech setzen.
Im heißen Ofen auf der zweiten Schiene von
unten 15–20 Minuten garen.

Grüner Spargel mit Pinien-
kernbutter

für 2 Personen: 500 g grüner Spargel //
Salz // Zucker // 2 EL Pinienkerne //
50 g Butter // Meersalz // 50 g dünn
geschnittener Parmaschinken

Zubereitungszeit: 15 Minuten

1 Spargel im unteren Drittel schälen, dabei die
holzigen Enden abschneiden. Reichlich Wasser in
einen Topf geben und mit Salz und 1 Prise Zucker
würzen. Spargel 6–8 Minuten bei mittlerer Hitze
sieden lassen.

2 Butter in einer Pfanne aufschäumen und
Pinienkerne darin bei mittlerer Hitze hellbraun
rösten. Mit Meersalz würzen. Spargel aus dem
Wasser heben, abtropfen lassen und sofort mit
der Pinienkernbutter und dem Parmaschinken
servieren.

Spargelsoufflé

für 2 Personen: 250 g grüner Spargel //
50 g Butter // 3 EL Semmelbrösel // 40 g Mehl //
200 ml Milch // 3 Eier, Größe M // 80 g Parmesan,
fein gerieben // Cayennepfeffer, Salz

Zubereitungszeit: 50 Minuten

1 Backofen auf 200 °C Ober-/Unterhitze vorheizen. Spargel im unteren Drittel schälen, holzige Enden abschneiden. Spargelspitzen (5 cm)
abschneiden und längs halbieren. Übrigen
Spargel schräg in Scheiben schneiden. Zwei
große Souffléförmchen (à 200 ml Inhalt) mit
Butter einfetten, mit Semmelbröseln ausstreuen.

2 Restliche Butter (40 g) mit dem Mehl verkneten. Milch unter Rühren aufkochen. Mehlbutter in
kleinen Stücken in die Milch rühren, bis die Masse
glatt ist. In eine Schüssel schütten. Eier trennen.
Eigelbe und 60 g vom Parmesan, Cayennepfeffer
und Salz unter die Buttermasse rühren. Eiweiß
steif schlagen, unter die Eimasse heben.

3 Spargelspitzen an den Rand der Souffléförmchen stellen. Spargelscheiben unter die Parme-
sanmasse heben und alles in die Förmchen ein-
füllen. Mit dem restlichen Parmesan bestreuen.
Auf der zweiten Schiene von unten in den heißen
Ofen stellen und Soufflés 30 Minuten backen.
Herausnehmen, sofort auf Teller stürzen.

Gebratener Spargel mit Melone

für 2 Personen: 500 g grüner Spargel // ¼ Melone
(Cantaloupe-, Charentais- oder Honigmelone) //
1 Knoblauchzehe // ½ Bund Koriandergrün //
½ Chilischote // 1 EL Akazienhonig // 1 EL helle
Sesamsamen // 1 EL Butter // Salz // 1 TL Zitronensaft

Zubereitungszeit: 15 Minuten

1 Spargel im unteren Drittel schälen, dabei holzige Enden abschneiden. Spargelstangen in 4 cm
lange Stücke schneiden. Melone entkernen,
schälen und in 3 cm große Würfel schneiden.
Knoblauch schälen und fein hacken. Koriander
waschen, trocken schütteln, Blättchen von den
Stielen zupfen und grob hacken. Chilischote
waschen, entkernen und fein hacken.

2 Honig in einer Pfanne erhitzen. Die Sesamsamen zugeben und etwa 30 Sekunden rösten.
Butter, Knoblauch und Chili dazugeben und
1 Minute unter Rühren braten. Spargelstücke und
Melonenwürfel einrühren, bei mittlerer Hitze
6–8 Minuten braten. Mit etwas Salz und Zitronensaft würzen. Auf die Teller verteilen.
Gehackten Koriander über den Spargel streuen.

» Ein schöner Eintopf für kalte Herbsttage. Falls ihr keine Lammhüfte bekommt, könnt ihr Schweinerücken oder Rinderhüfte nehmen. Aber Lamm und Kürbis passt einfach super gut zusammen.

Kürbiseintopf mit Lammfleisch

für 2 Personen
1 kg Muskatkürbis
2 Zwiebeln
2 Knoblauchzehen
2 Lammhüftsteaks
(à etwa 150 g)
6 getrocknete Aprikosen
1 TL Kreuzkümmelsamen
4 EL Sonnenblumenöl
Salz, Pfeffer
600 ml Rinderfond
1 TL Pul Biber
2 EL Mandelblättchen
½ Bund Minze

Zubereitungszeit:
35 Minuten

1 Kürbis schälen und von den Kernen befreien. Fruchtfleisch in 3 cm große Würfel schneiden. Zwiebeln und Knoblauch schälen und fein würfeln. Lammfleisch in 3 cm große Würfel schneiden. Aprikosen in grobe Stücke schneiden. Kreuzkümmel im Mörser grob zerstoßen. Natürlich geht auch gemahlener Kreuzkümmel, der schmeckt aber nicht so intensiv.

2 In einem Topf 1 EL Öl erhitzen. Das Fleisch darin in 5 Minuten hellbraun anbraten. Mit Salz und Pfeffer würzen. Aus dem Topf nehmen. Das restliche Öl im Topf erhitzen, Zwiebel- und Knoblauchwürfel darin glasig braten. Kürbis, Aprikosen und Kreuzkümmel zugeben und 2 Minuten mitbraten. Fond dazugießen, alles mit Salz und Pul Biber würzen. Zugedeckt bei milder Hitze 15–20 Minuten garen.

3 Mandelblättchen in einer Pfanne ohne Fett hellbraun rösten, abkühlen lassen und hacken. Minze waschen, trocken schütteln, Blättchen abzupfen. Lammfleisch in den Eintopf geben und 2 Minuten durchwärmen. Den Eintopf noch einmal kräftig abschmecken und mit Mandeln und Minzeblättchen bestreuen.

Garnelentoast Hawaii

für 2 Personen
1 Bund glatte Petersilie
1 Knoblauchzehe
100 ml Sonnenblumenöl
Salz
150 g Ananas
160 g Garnelen (frisch oder
   tiefgekühlt; ohne Kopf,
   mit Schale, aufgetaut)
2–3 TL rote Currypaste
   (Asialaden)
2 Scheiben Toastbrot
50 g Mehl
2 Eier, Größe M
70 g Panko-Brösel
3 EL Butterschmalz

Zubereitungszeit:
25 Minuten

1 Petersilie waschen, trocken schleudern. 4 Petersilienstängel fein hacken, vom Rest Blättchen abzupfen. Knoblauchzehe schälen, mit Petersilienblättchen, Sonnenblumenöl und etwas Salz in einem hohen Gefäß mit dem Stabmixer pürieren. Ananas schälen, Strunk entfernen und Fruchtfleisch fein würfeln. Garnelen schälen, den Rücken aufschlitzen und den schwarzen Darmfaden entfernen, dann mit der Currypaste im Blitzhacker oder mit einem großen Messer fein hacken. In eine Schüssel schütten, Ananas und gehackte Petersilie untermischen. Die Masse leicht salzen und gleichmäßig auf die Toastbrotscheiben streichen.

2 Mehl, Eier und Panko-Brösel (wer keine Panko-Brösel findet, kann altbackene Brötchen grob zermahlen) getrennt in 3 tiefe Teller geben. Eier verquirlen. Die Garnelentoasts halbieren und in Mehl wenden. Überschüssiges Mehl abklopfen, dann Toasts im Ei wenden und kurz mit dem Brot nach unten darin liegen lassen. Zuletzt mit Panko-Bröseln panieren.

3 Das Butterschmalz in einer großen Pfanne erhitzen und die panierten Toasts darin bei mittlerer Hitze in etwa 5 Minuten goldbraun ausbacken. Auf Küchenpapier abtropfen lassen und mit dem Petersilienöl servieren.

Ein Tag in meinem Leben

Wer die Vorstellung hat, dass man als Koch die Nächte durchfeiert, der liegt ziemlich falsch. Ich habe – wie die meisten Köche – in der Regel die ganze Woche gut zu tun. Und wenn es eine Lücke im Terminplan gibt, sind Familie und Freunde angesagt. Das muss sein, es gibt schließlich noch etwas anderes als die Arbeit, egal wie viel Spaß sie macht. Wochentags heißt es zwischen 7 und 8 Uhr: raus aus den Federn und erst einmal gut frühstücken. Oft mache ich das mit meinem Bruder Peter, der den Service im *Henssler Henssler* leitet, oder mit den Jungs aus der Küche. Das ist eine prima Möglichkeit, im lockeren Rahmen zu besprechen, was gerade ansteht. Habe ich keine frühen Termine, gehe ich anschließend zum Laufen oder zum Krafttraining. Danach oder vorher mache ich einen Abstecher ins *ONO*, um nach dem Rechten zu sehen und zu hören, ob es irgendwo Probleme gibt. Manchmal stehen Einkäufe an, und die erledige ich gern selbst. Nachmittags verbringe ich oft Zeit mit meinen Kindern. Sonst wird erledigt, was gerade so anliegt. Abends so um 18 Uhr fahre ich meist ins *Henssler Henssler*. Mit meinem Bruder und meinen Köchen gibt es immer was zu diskutieren: Läuft alles nach Plan? Welche Gäste sind im Lokal? Gibt es Änderungen auf der Karte oder Ideen für neue Gerichte? Oft mische ich mich auch unter die Gäste, spreche mit den Leuten. Als Koch muss man am Publikum dranbleiben, sonst verliert man das Gefühl für seine Wünsche. Ich möchte ihnen schließlich etwas Besonderes bieten, sie sollen einen tollen Abend bei mir verbringen. Und natürlich →

wiederkommen!

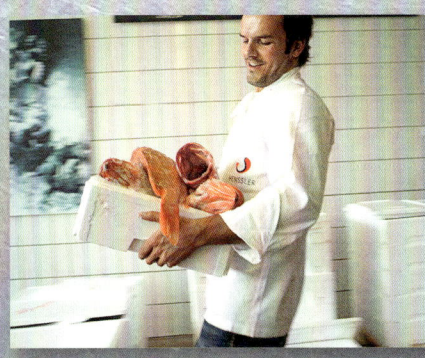

→   Frische und gute Produkte sind das A und O für meine geradlinige Art zu kochen. Ich interessiere mich für ungewöhnliche Zutaten und bin stets auf der Suche nach neuen Geschmackserlebnissen. Manche Rezepte entstehen quasi auf dem Markt, wenn mich ein frisches Produkt anspricht und ich mir überlege, was ich gern damit machen würde. Meine Gäste erwarten von mir kleine Überraschungen, einen Kick, das gewisse Etwas – und dieser Erwartung will ich gerecht werden. Schließlich ist so ein Restaurantbesuch nicht gerade billig. Wegen der Frische und Vielfalt sind verlässliche Lieferanten ein Muss. In Hamburg haben wir den Vorteil, dass durch Großmarkt und Hafen das Angebot ziemlich gut ist, nicht nur bei Meeresgetier. Da macht das Aussuchen wirklich Spaß. Fisch spielt für mich als ausgewiesener »Kaltfischaufschneider« eine große Rolle. Aber natürlich nur der richtige. Als Meeresanwalt für den WWF ist Artenschutz für mich ein zentrales Thema. Thunfisch macht z. B. im *ONO* maximal zehn Prozent des Fischs auf der Speisekarte aus, und manche Fische, die bedroht sind oder zu viel Beifang haben, wie z. B. Seezunge, kommen mir nicht in die Küche. Zuverlässige Lieferanten, die ganz genau wissen, woher die Fische kommen, die sie verkaufen, sind für uns einfach lebensnotwendig. Meinem Fischhändler vertraue ich blind. Der weiß genau, was ich will, und ruft mich schon mal an, wenn er etwas Besonderes reinbekommen hat, das auf die Speisekarte des *ONO* oder des *Henssler Henssler* passt. Für einen Schnack mit den Leuten ist dabei immer Zeit. Und dann sitze ich, so wie auf dem Foto, auch mal mit den Händlern vom Fischmarkt gemütlich auf der Mauer vorm Kühlhaus.

≫ Bei diesem Gericht bloß den Fisch nicht zu lange garen, er sollte noch einen glasigen Kern haben. Deshalb die Fischstücke wirklich erst fünf Minuten vor dem Servieren in die Suppe befördern, wenn die Esser schon am Tisch sitzen!

Fischeintopf mit Koriander und Curry

für 4 Personen
500 g festkochende
    Kartoffeln
2 Zwiebeln
50 g Butter
1 EL gelbe Currypaste
60 ml Weißwein
60 ml trockener Wermut
750 ml Fischfond
600 g Weißfischfilet,
    ohne Haut und Gräten
    (z. B. Zander, Kabeljau
    oder Dorsch)
4 Stangen Staudensellerie
je ½ Bund glatte Petersilie
    und Koriandergrün
Salz, Pfeffer

**Zubereitungszeit:
35 Minuten**

1 Kartoffeln schälen und in 2 cm große Würfel schneiden. Zwiebeln schälen und in feine Scheiben schneiden. Butter in einem Topf erhitzen, Kartoffeln und Zwiebeln darin andünsten. Die Currypaste dazugeben und unter Rühren kurz mitdünsten. Mit Weißwein und Wermut ablöschen, mit Fischfond auffüllen und alles bei milder Hitze etwa 20 Minuten garen lassen.

2 Inzwischen das Fischfilet in mundgerechte Stücke schneiden. Staudensellerie waschen, putzen und in dünne Scheiben schneiden. Petersilie und Koriander waschen, trocken schleudern und die Blättchen abzupfen. Staudenselleriescheiben und Fischfiletstücke etwa 5 Minuten vor dem Servieren in den Eintopf geben. Alles mit Salz und Pfeffer würzen. Den Eintopf auf Teller verteilen und mit den Kräuterblättchen bestreuen.

>> Dieses Rezept ist mir in einem Hotelzimmer eingefallen. Wenn ich spätabends ins Hotel komme und Hunger habe, bestelle ich fast immer ein Club-Sandwich. Aber die schmecken auf Dauer alle gleich. Und deshalb dachte ich mir: Hey, das muss doch auch anders gehen. Und rausgekommen ist dabei diese Variante.

Club-Sandwich mit Fischfrikadelle

für 2–4 Personen

6 EL Mayonnaise
1 TL abgeriebene Schale
   von 1 Bio-Limette
2 TL Limettensaft
5 Stiele Koriandergrün
½ Mango
2 Tomaten
½ Salatgurke
½ Kästchen Gartenkresse
½ Zwiebel
½ rote Chilischote
350 g Seelachsfilet
40 g Semmelbrösel
50 g Sahne
1 Ei, Größe M
Salz
5 EL Sonnenblumenöl
4 TL Butter
8 Scheiben Toastbrot

Zubereitungszeit:
30 Minuten

1 Mayonnaise, Limettenschale und 1 TL vom Limettensaft verrühren. Koriandergrün waschen, trocken schütteln und fein hacken. In einer Schüssel mit der Mayonnaise vermischen und kalt stellen. Mango schälen, Fruchtfleisch ablösen und in dünne Scheiben schneiden. Tomaten waschen, Stielansatz entfernen. Gurke schälen. Beides in dünne Scheiben schneiden. Die Kresse vom Beet schneiden. Zwiebel schälen. Chilischote waschen. Beides fein hacken.

2 Fischfilet in grobe Stücke schneiden. Zwiebel, Chili und Fisch mit Semmelbröseln, Sahne und Ei in einen Blitzhacker geben. Mit 1 TL Limettensaft und Salz würzen, zu einer feinen Masse verarbeiten. In der Küchenmaschine oder mit einem Stabmixer geht das natürlich auch.

3 Aus der Fischmasse mit feuchten Händen vier dünne Frikadellen formen. Öl in einer großen Pfanne erhitzen. Frikadellen bei mittlerer Hitze von jeder Seite etwa 3 Minuten braten. Auf Küchenpapier abtropfen lassen. Die Pfanne auswischen, wieder auf den Herd stellen und die Butter darin erhitzen.

4 Die Rinde von den Toastscheiben abschneiden. Jeden Toast in der Pfanne auf einer Seite goldgelb rösten. Mangoscheiben auf vier Toasts verteilen. Mit je 1 Fischfrikadelle belegen. Tomaten- und Gurkenscheiben darauflegen. Die Mayonnaisesauce darüberträufeln. Alles mit der Kresse bestreuen. Mit den restlichen vier Toastscheiben abdecken. Die Sandwiches mit Zahnstochern fixieren. Wem das zu umständlich ist: In die Hand nehmen und reinbeißen.

Manchmal esse ich unterwegs ein Gericht, das ich toll finde. Das wird dann, wie hier zu sehen, fotografiert und zu Hause neu umgesetzt.

>> Ich finde Gerichte, in denen Fleisch zu klein geschnitten wird, riskant. Meistens wird das Ganze dann trocken und zäh. Die Idee von einem Japaner in Downtown L.A. (Foto unten) mit der scharfen Honig-Sojasauce gefiel mir echt gut, das Fleisch eher weniger. Deswegen habe ich dünne Steaks genommen.

Minutensteaks mit scharfer Sojasauce und Kressesalat

Für 4 Personen
110 ml Sojasauce
60 ml Orangensaft
1 EL Honig
½ rote Chilischote
50 ml Sonnenblumenöl
8 kleine Rump- oder Hüft-
  steaks vom Rind (à 60 g)
1 Bund Brunnenkresse
100 g Feldsalat
1 Kästchen Daikon-Kresse
1 Kästchen rote Shiso-Kresse
½ Bund Kerbel
je 1 kleine rote und gelbe
  Paprikaschote
½ Salatgurke, geschält und
  entkernt
50 ml Zitronensaft
40 ml Mirin, einmal
  aufgekocht
1 Messerspitze Chilipaste
1 EL dunkles Sesamöl
6 EL Traubenkernöl

Zubereitungszeit:
20 Minuten

1 60 ml Sojasauce mit Orangensaft und Honig vermengen, Chilischote waschen, halbieren, entkernen und fein schneiden. Zur Honig-Sojasauce geben. Die Hälfte des Sonnenblumenöls in einer großen Pfanne erhitzen, 4 Steaks darin auf einer Seite kurz anbraten, wenden und mit der Hälfte der Honig-Sojasauce ablöschen. Aus der Pfanne nehmen und die restlichen 4 Steaks ebenso anbraten.

2 Brunnenkresse und Feldsalat waschen und putzen. Von Daikon- und Shiso-Kresse die Blättchen abschneiden. Kerbel waschen, trocken schleudern und die Blättchen abzupfen. Beide Paprikaschoten waschen, schälen, entkernen und in feine Streifen schneiden. Für das Dressing Gurke, Zitronensaft, Mirin, restliche Sojasauce und Chilipaste mit dem Stabmixer in einem hohen Gefäß pürieren. Zum Schluss das Öl unterrühren. Salatzutaten in einer Schüssel mit dem Dressing vermengen. Salat mit den Steaks auf den Tellern anrichten.

Fitness-food

Gesunde Zutaten, wenig Fett, viel Salat, Gemüse, Fisch und Meeresfrüchte – so kocht, wer fit und gesund bleiben und seinem Körper etwas Gutes tun will. Die abwechslungsreichen Rezepte sind absolut alltagstauglich, in der Regel schnell gemacht und bieten dem Nudelfreund genauso Anregungen wie dem Fleischliebhaber.

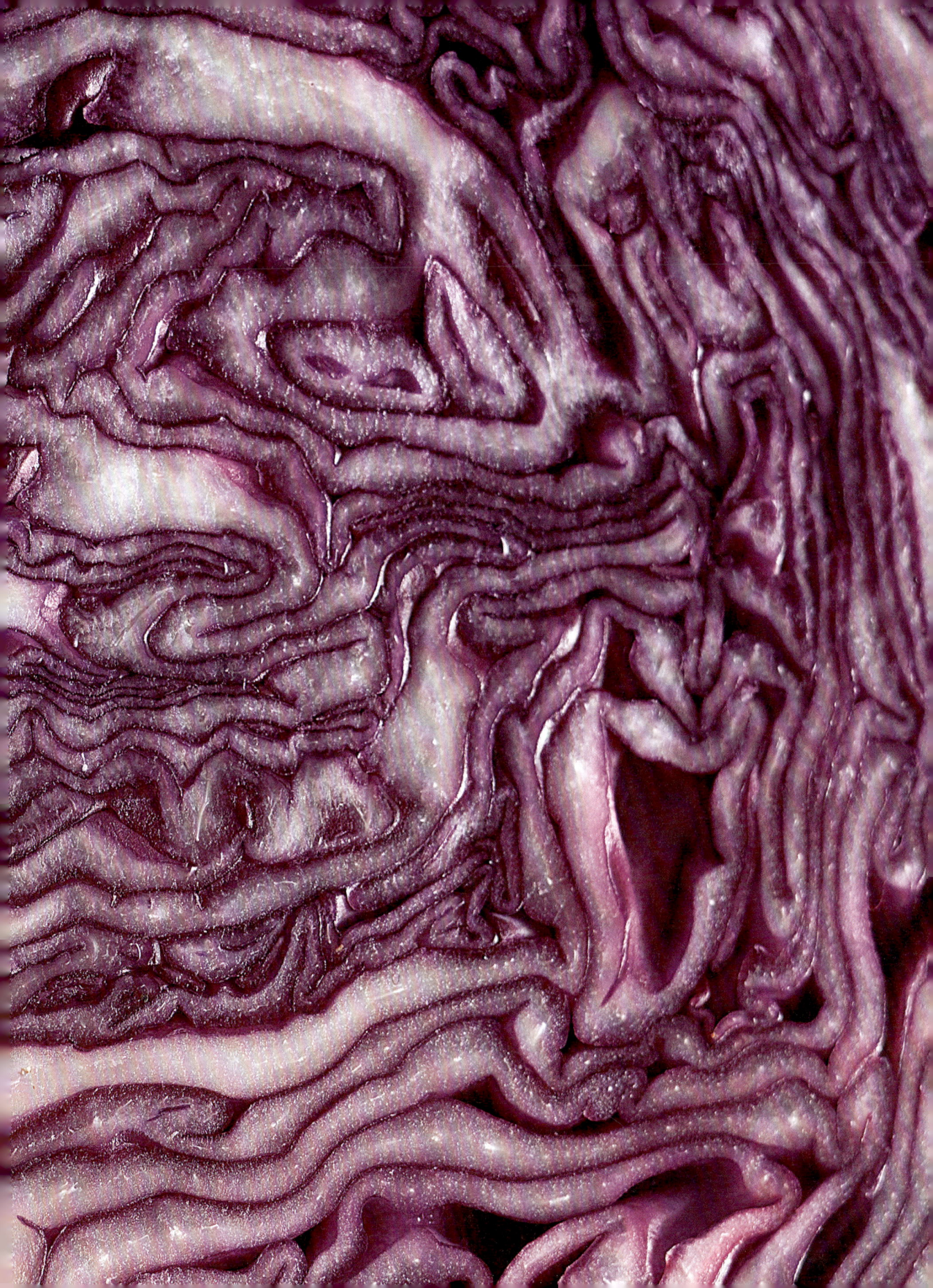

Meeresfrüchtesalat ist eigentlich ein Mittelmeer-klassiker, der durch die Trauben und Rosinen eine ganz fruchtige Note bekommt.

>> Das ist ein Gericht, wie ich es liebe. Eine Pfanne, alles rein, einmal durchschwenken, fertig! Wer keinen Tintenfisch mag, kann diesen durch Lachs ersetzen. Falls Weißbrot vom Vortag übrig ist, einfach würfeln und mitbraten. Das Brot saugt die Flüssigkeit auf und nichts bleibt in der Pfanne übrig.

Gebratener Salat mit Meeresfrüchten

für 2–4 Personen
4 EL Rosinen
10 EL Traubensaft
250 g kernlose Trauben
2 rote Chilischoten
2 Knoblauchzehen
4 EL Sonnenblumenöl
12 Riesengarnelen, ohne
    Kopf und Schale
600 g Baby-Tintenfische
    (Seppioline)
1 Radicchio
4 Frühlingszwiebeln
Salz
2 EL Butter
4 EL Weißweinessig

Zubereitungszeit:
35 Minuten

1 Rosinen mit Traubensaft übergießen und 10 Minuten einweichen. Trauben von der Rispe zupfen. Chilischoten waschen, entkernen und fein hacken. Knoblauch schälen und fein hacken. Chili und Knoblauch in einer Tasse mit dem Öl vermischen. Garnelen waschen, trocken tupfen, Rücken aufschlitzen und den schwarzen Darmfaden entfernen. Tintenfische waschen und trocken tupfen. Garnelen und Tintenfische mit dem Chiliöl vermischen.

2 Radicchio vierteln, die äußeren Blätter entfernen und den Strunk herausschneiden. Radicchio waschen, abtropfen und in einzelne Blätter teilen. Frühlingszwiebeln waschen, putzen und in Röllchen schneiden. Eine große Pfanne erhitzen. Garnelen und Tintenfische mitsamt dem Chiliöl hineingeben und 3–4 Minuten anbraten. Herausnehmen und salzen.

3 Butter in der Pfanne erhitzen. Frühlingszwiebeln und Radicchio darin anbraten und salzen. Trauben dazugeben und kurz mitbraten. Rosinen und Traubensaft zugeben. Mit dem Essig würzen. Garnelen und Tintenfische untermischen und alles noch einmal abschmecken. Sofort servieren.

>> Das ist eines der wenigen Gerichte, in dem selbst ich getrocknete Aprikosen mag. Sie passen einfach super zum Speck. Das Schöne am Couscous ist, dass jeder ihn ganz fix hinbekommt. Ist außerdem eine tolle Alternative zu Reis.

Gefüllte Hähnchenbrust mit Couscous

für 4 Personen

100 g Couscous
1–2 EL Currypulver
7 EL Olivenöl
2 EL Orangensaft
150 g Sahnejoghurt
   (10% Fettgehalt)
Salz, Pfeffer, Zucker
4 Hähnchenbrüste
   (à etwa 180 g)
8 getrocknete Aprikosen
2 Zweige Thymian
16 dünne Scheiben Bacon
3 Knoblauchzehen
2 Zweige Rosmarin
2 Zwiebeln
4 Stängel Petersilie
2 Stängel Minze
100 ml Gemüsefond

Zubereitungszeit:
35 Minuten

1 Couscous nach Packungsanweisung garen und mit einer Gabel auflockern. Rechtzeitig vom Herd nehmen, sonst wird er trocken! Backofen auf 160 °C Ober-/Unterhitze (Umluft 140 °C) vorheizen. Currypulver in 1 EL Olivenöl in einer Pfanne kurz andünsten, mit dem Orangensaft ablöschen. Abkühlen lassen und in einer Schüssel mit dem Joghurt verrühren. Mit Salz, Pfeffer und Zucker abschmecken.

2 In jede Hähnchenbrust eine Tasche schneiden. Getrocknete Aprikosen fein würfeln. Thymian waschen, trocken schütteln, Blätter abzupfen, grob hacken, mit den Aprikosenwürfeln vermischen und alles in die Hähnchenbrüste füllen. Fleisch mit Salz und Pfeffer würzen. Je 4 Scheiben Bacon etwas überlappend auf der Arbeitsfläche nebeneinanderlegen, leicht andrücken, sodass eine geschlossene Speckplatte entsteht. Je 1 gefüllte Hähnchenbrust darin einrollen.

3 In einer backofentauglichen Pfanne 2 EL Olivenöl erhitzen. Hähnchenbrustfilets darin 3–4 Minuten ringsum anbraten, unbedingt auf der Nahtseite anfangen, wo der Speck sich überlappt. Knoblauchzehen mit der Schale etwas zerdrücken, mit den Rosmarinzweigen auf die Hähnchenbrüste legen. Pfanne auf die zweite Schiene im Backofen schieben und Hähnchenbrüste 10–12 Minuten garen.

4 Zwiebeln schälen, in dünne Ringe schneiden. Petersilie und Minze waschen, trocken schütteln, Blättchen abzupfen und grob hacken. Restliches Olivenöl (4 EL) in einer Pfanne erhitzen. Zwiebeln darin in etwa 5 Minuten weich dünsten. Couscous dazugeben, mit Gemüsefond auffüllen und alles bei milder Hitze erwärmen. Gehackte Kräuter untermischen, salzen und pfeffern. Hähnchenbrüste aus dem Ofen nehmen, schräg in Scheiben schneiden. Mit dem Couscous auf Tellern anrichten. Den Curryjoghurt dazu reichen.

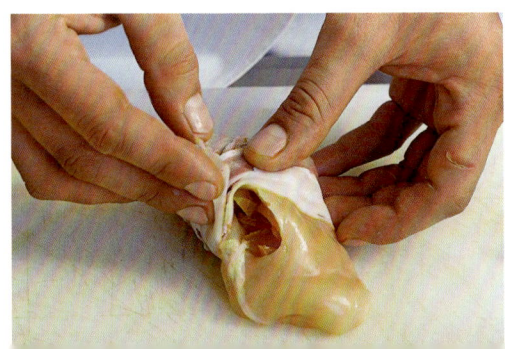

» Wenn man in Streifen geschnittenes Fleisch anbrät, ist es besonders wichtig, dass die Pfanne sehr heiß ist – damit das Fleisch nicht Saft zieht und anfängt zu kochen. Deswegen muss das Anbraten auch sehr schnell gehen. Und lieber in Etappen anbraten, wenn die Pfanne zu voll wird, kühlt sie nämlich ab und der Fleischsaft tritt aus. Wer kein Rindfleisch mag – das Rezept funktioniert auch mit Hähnchenbrust.

Rindfleischpfanne mit Chili und Basilikum

für 4 Personen: 1 Bio-Limette // 1 cm frische Ingwerwurzel (etwa 5 g) // 1 Knoblauchzehe // 1 EL schwarze Pfefferkörner // 2 EL Worcestersauce // 6 EL Sojasauce // 2 EL brauner Zucker // 400 g Rinderfilet // 1 kleine rote Chilischote // 4 Stängel Thai-Basilikum (ersatzweise normales Basilikum) // 4 Frühlingszwiebeln // 3 EL Sonnenblumenöl // Salz

Zubereitungszeit: 30 Minuten + 20 Minuten Marinieren

1 Limette heiß abspülen, 1 TL Schale fein abreiben und Saft auspressen. Ingwer mit der Schale in feine Scheiben schneiden. Knoblauch schälen, in feine Scheiben schneiden. Pfefferkörner im Mörser grob zerstoßen. In einer großen Schüssel (das Fleisch muss da auch noch rein) Worcestersauce mit Sojasauce, Limettensaft, Limettenschale, braunem Zucker und zerstoßenem Pfeffer verrühren. Das Rindfleisch quer zur Faser in dünne Scheiben schneiden, mit der Marinade vermischen und 20 Minuten ziehen lassen.

2 Inzwischen die Chilischote waschen, entkernen und in sehr feine Ringe schneiden. Basilikum waschen, trocken schütteln, Blätter abzupfen. Frühlingszwiebeln putzen, waschen und schräg in dünne Ringe schneiden. Öl in der Pfanne oder im Wok sehr stark erhitzen. Ingwer- und Knoblauchscheiben darin 1 Minute anbraten. Rinderfilet mit der Marinade zugeben und unter ständigem Rühren anbraten. Frühlingszwiebeln und Chiliringe dazugeben. Etwa 1 Minute weiterrühren und salzen. Mit den Basilikumblättern bestreuen und sofort servieren.

>> Diese Suppe kennt ihr vielleicht vom Chinesen. Selbst gemacht schmeckt sie natürlich um Längen besser. Wer lieber eine Variante ohne Fleisch mag, füllt einfach die Ravioli nur mit Gemüse und ersetzt das Filet durch eine Zucchini.

Wan-Tan-Suppe

für 4 Personen
20 Wan-Tan-Blätter
   (tiefgekühlt)
250 g Schweinefilet
100 g Lauch
2 cm Ingwerwurzel (10 g)
60 g Shiitakepilze
3 EL Sonnenblumenöl
1 TL dunkles Sesamöl
2–3 EL Sojasauce
Pfeffer
1 EL helle Sesamsamen
2 Frühlingszwiebeln
Salz
1 l Dashi-Brühe (oder
   Geflügelfond)
Zucker

Zubereitungszeit:
35 Minuten

1 Wan-Tan-Blätter auftauen lassen. Schweinefilet trocken tupfen, erst in dünne Scheiben schneiden und dann fein hacken. Lauch putzen, waschen, halbieren und in 5 mm dicke Scheiben schneiden. Ingwer schälen und fein hacken. Shiitakepilze putzen, die Hälfte der Pilze fein würfeln. Sonnenblumen- und Sesamöl in einer Pfanne erhitzen. Lauch, Pilzwürfel und Ingwer darin unter Rühren 2–3 Minuten andünsten. Die Pfanne vom Herd ziehen, das Fleisch untermischen. Mit Sojasauce und Pfeffer würzen. Die Füllung abkühlen lassen. Restliche Pilze vierteln oder halbieren. Sesamsamen in einer Pfanne ohne Fett goldbraun rösten. Die Frühlingszwiebeln putzen, waschen und schräg in feine Scheiben schneiden.

2 Nacheinander jeweils 5 Wan-Tan-Blätter auf der Arbeitsfläche ausbreiten und die Ränder mit Wasser bestreichen. Jeweils 1 TL von der Füllung in die Mitte der Blätter setzen, den Teig über der Füllung zu Dreiecken zusammendrücken. Reichlich Salzwasser in einem großen Topf zum Kochen bringen. Brühe in einem zweiten Topf aufkochen, mit Salz, Pfeffer und Zucker abschmecken. Pilze in die Brühe geben. Wan-Tans portionsweise im kochenden Salzwasser 2–3 Minuten garen. Wenn sie nach oben steigen, sind sie gar. In ein Sieb geben, abtropfen lassen und auf Suppenteller verteilen. Mit der heißen Brühe auffüllen und mit Sesamsamen und Frühlingszwiebelringen bestreuen.

Gesundes Essen muss nicht fade schmecken.
Dieser leckere Brokkoli ist das beste Beispiel dafür.

>> In meinen Augen eines der meist unterschätzten Gemüse – der Brokkoli. An diesem Rezept habe ich sehr lang herumgedoktert. Der Clou dabei ist die Sauce. Kommt gut als Beilage oder auch als Snack für Gemüsefans zwischendurch.

Brokkoli mit Pinienkernen

für 2–4 Personen
4 Schalotten
1 Brokkoli (350 g)
Salz
3 EL Pinienkerne
2 cm Ingwerwurzel (10 g)
2 Knoblauchzehen
100 ml Sojasauce
etwas Zitronensaft

Zubereitungszeit:
15 Minuten

1 Die Schalotten schälen, halbieren und in dünne Streifen schneiden. Den Brokkoli waschen und putzen. Den Stiel kürzen und kreuzweise einschneiden. In einem Topf 150 ml Wasser aufkochen und den Brokkoli hineingeben. Die Schalotten über den Brokkoli geben und alles leicht salzen. Bei mittlerer Hitze abgedeckt 8–10 Minuten sanft köcheln lassen.

2 Inzwischen die Pinienkerne in einer Pfanne ohne Fett goldgelb rösten. Vom Herd nehmen. Den Ingwer und den Knoblauch schälen und fein würfeln. In einem Schüsselchen mit der Sojasauce und etwas Zitronensaft mischen. Den Brokkoli mit den Schalotten aus dem Topf heben und mit der Sauce und den Pinienkernen anrichten.

>> Matjes mit Mango – passt das zusammen? Oh ja, und wie! Das schmeckt total lecker. Die besten Mangostreifen bekommt man übrigens mit einem Sparschäler hin! Wer das Gericht als Katerfrühstück servieren möchte: Dann passen auch knusprige Speckscheiben super dazu.

Matjes-Mango-Salat

für 4 Personen

1 Mango
1 kleine Bio-Salatgurke
80 g Rucola
2 Frühlingszwiebeln
4 Matjesfilets
2 EL frisch gepressten
   Zitronensaft
Salz, Pfeffer
1 Prise Zucker
7 EL Olivenöl
150 g Ciabatta

Zubereitungszeit:
15 Minuten

1 Backofengrill auf der höchsten Stufe vorheizen. Mango schälen. Fruchtfleisch mit dem Sparschäler in dünnen Streifen vom Stein lösen. Gurke waschen und in etwa 8 cm lange Stücke teilen. Ebenfalls mit dem Sparschäler längs in dünnen Streifen abschälen. Rucola putzen, waschen und trocken schleudern. Frühlingszwiebeln putzen, waschen und schräg in etwa 1 cm breite Stücke schneiden. Matjesfilets quer in 2 cm dicke Streifen schneiden.

2 Zitronensaft mit Salz, Pfeffer, der Prise Zucker und 4 EL vom Olivenöl in einer Schüssel verrühren. Ciabatta in dünne Scheiben schneiden, auf ein Backblech legen und mit dem restlichen Olivenöl (3 EL) beträufeln. Backblech oben in den Ofen schieben und die Ciabatta unter dem Backofengrill auf beiden Seiten in 1–2 Minuten hellbraun rösten. Alle Zutaten in einer Salatschüssel gut vermengen und mit dem Dressing beträufeln. Warme Ciabatta dazu reichen oder in große Würfel schneiden und unter den Salat mischen.

>> Diese Art und Weise, einen Salat anzurichten, habe ich mir in einem Berliner Restaurant abgeguckt und mein eigenes Rezept dazu kreiert. Die Kerne der Passionsfrucht lasse ich immer gern im Dressing. Wer das nicht mag, kann es natürlich auch durchpassieren. Wer es gern scharf mag, kann noch eine halbe scharfe Chilischote klein schneiden und ins Dressing mischen.

Kopfsalat mit Passionsfruchtdressing

für 1–2 Personen
1 Kopfsalat
2 EL Puderzucker
4 EL Crème fraîche
120 ml Passionsfruchtsaft
  (Maracujasaft)
4 Passionsfrüchte
  (Maracujas)

**Zubereitungszeit:
10 Minuten**

1 Den Kopfsalat putzen, im Ganzen waschen und trocken schütteln oder in der Salatschleuder trocken schleudern. Den Strunk mit einem spitzen Messer keilförmig herausschneiden und den Salatkopf in eine Schüssel setzen. Die Blätter etwas auseinanderziehen.

2 Für das Dressing den Puderzucker mit der Crème fraîche und dem Passionsfruchtsaft verrühren. Die Passionsfrüchte mit einem Messer halbieren, die Kerne mit einem Teelöffel herausschaben und vorsichtig unter das Dressing mischen. Den Kopfsalat gut mit dem Dressing beträufeln und servieren.

>> Ein neuer Geschmack für Pasta-Fetischisten: Edamame sind Soja-bohnenkerne. Und die gibt es in jedem Asialaden in der Tiefkühl-truhe. Sonst Dicke Bohnen nehmen, die bekommt man überall. Und schmecken auch lecker.

Penne mit Venusmuscheln und Edamame

für 4 Personen
600 g Venusmuscheln
300 g Edamame (ungeschält, tiefgekühlt)
1 grüne Chilischote
2 cm Ingwerwurzel (10 g)
1 Knoblauchzehe
1 Zwiebel
3 EL Sonnenblumenöl
50 ml Weißwein
400 ml Kokosmilch
1 Prise Zucker
Salz, Pfeffer
3 Kaffirlimettenblätter
350 g Penne
4 Stängel Thai-Basilikum (ersatzweise normales Basilikum)
1 Bio-Limette

Zubereitungszeit:
30 Minuten

1 Geöffnete Muscheln aussortieren, geschlossene Muscheln in kaltem Wasser mehrmals gründlich waschen und gut abtropfen lassen. Edamame tiefgefroren in einen Dämpfeinsatz geben und in einem Topf über kochendem Wasser 6 Minuten dämpfen. Bohnenkerne aus den Schoten lösen. Chilischote waschen, längs halbieren, entkernen und grob schneiden. Ingwer, Knoblauch und Zwiebel schälen und fein würfeln. In einer Pfanne 2 EL Öl erhitzen. Ingwer, Knoblauch, Zwiebel und Chili darin bei mittlerer Hitze andünsten. Mit Wein ablösen und mit Kokosmilch auffüllen. Zucker, Salz, Pfeffer und die Kaffirli-mettenblätter dazugeben und alles bei mittlerer Hitze sämig einko-chen lassen.

2 Inzwischen die Nudeln nach Packungsanweisung bissfest kochen. Abgießen, abschrecken, abtropfen lassen und mit dem restlichen Öl (1 EL) vermischen. Basilikum waschen, trocken schütteln, Blätter abzupfen und grob hacken. Limette heiß abspülen, aus einer Hälfte 8 dünne Scheiben schneiden, den Rest der Limette auspressen. Muscheln, Limettenscheiben, Bohnenkerne und das Basilikum zum Kokossud in die Pfanne geben und alles zugedeckt etwa 3 Minuten garen, bis sich alle Muscheln geöffnet haben. Die gekochten Nudeln zugeben und im Sud erwärmen. Alles mit Salz, Pfeffer und 2–3 EL Limettensaft kräftig abschmecken.

4 × Rindfleisch

Mariniertes Rindercarpaccio

für 4 Personen: 400 g Rumpsteak am Stück // 5 EL Sojasauce // 4 EL trockener Sherry // 1 EL Sonnenblumenöl // 1 TL dunkles Sesamöl // 1 Zwiebel // Pfeffer

Zubereitungszeit: 20 Minuten

1 Fettrand und Sehnen komplett vom Fleisch entfernen. Steak quer in etwa 2 mm dünne Scheiben schneiden. Sojasauce, Sherry, Sonnen- blumen- und Sesamöl in einer Schüssel ver- mischen. Zwiebel schälen und in dünne Ringe schneiden.

2 Fleisch mit der Marinade und den Zwiebel- ringen in einer Schüssel vermengen und kräftig mit grob gemahlenem Pfeffer würzen. 10 Minu- ten ziehen lassen, dann die Zwiebelringe entfernen. Filetscheiben mit der Marinade auf Tellern anrichten.

Rumpsteakscheiben in Rosmarinbutter

für 4 Personen: 1 Bio-Zitrone // 3 Zweige Rosmarin // 160 g Butter // 1 Rumpsteak (etwa 350 g) // Salz, Pfeffer // 1 EL Sonnenblumen- öl // 2 EL Sojasauce // Saft von ½ Limette // 2 EL feine Schnittlauchröllchen

Zubereitungszeit: 15 Minuten

1 Zitrone heiß abspülen, längs halbieren und in dünne Scheiben schneiden. Rosmarin waschen, trocken schütteln, Nadeln von den Zweigen zupfen und mit Butter in einem Topf langsam erhitzen. Bei minimaler Hitzezufuhr ziehen lassen. Rumpsteak salzen und pfeffern.

2 Öl in einer Pfanne erhitzen. Steak darin von jeder Seite etwa 1 Minute scharf anbraten. Das Fleisch soll innen noch roh sein. In dünne Scheiben schneiden und mit Zitronenscheiben fächerförmig auf den Tellern verteilen. Nochmals kräftig salzen und pfeffern. Sojasauce, Limetten- saft und Schnittlauchröllchen in die warme Ros- marinbutter rühren. Über dem Fleisch verteilen und sofort servieren.

Rindertatar mit frittierter Petersilie

für 4 Personen: 80 g Schalotten // 1 EL Kapern // 320 g Rumpsteak oder Rinderfilet // 20 g Dijon-Senf // 1 EL Worcestersauce // 4 EL Traubenkern-öl // 1 Eigelb // Salz, Pfeffer // 1 Bund krause Petersilie // 100 ml Sonnenblumenöl // 4 EL Mehl // 100 g Crème fraîche

Zubereitungszeit: 10 Minuten

1 Schalotten schälen und in feine Würfel schneiden. Kapern fein hacken. Fleisch trocken tupfen, von Fett und Sehnen befreien und fein würfeln. Alles in einer Schüssel mit Senf, Worcestersauce, Traubenkernöl und Eigelb vermengen. Mit Salz und Pfeffer würzen.

2 Petersilie waschen, trocken schütteln und die Blätter abzupfen. Öl in einer Pfanne erhitzen. Mehl auf einen Teller geben, Petersilie darin wenden und im heißen Öl frittieren. Auf Küchenpapier abtropfen lassen. Crème fraîche steif schlagen. Das Tatar auf den Tellern anrichten, Crème fraîche und Petersilienblätter dazu servieren.

Rumpsteak-Shabu-Shabu

für 4 Personen: 1 kg Geflügelklein // 2 cm Ingwerwurzel (10 g) // 1 Knoblauchzehe // 1 TL schwarze Pfefferkörner // Sojasauce // Salz // 120 g Möhren // 80 g Zwiebeln // 60 g frische Shiitakepilze // 120 g Zuckerschoten // 1 Stange Staudensellerie // 2 Rumpsteaks (à etwa 220 g) // 2 EL helle Sesamsamen // 1 EL schwarze Sesamsamen // dunkles Sesamöl // Zucker, Pfeffer

Zubereitungszeit: 25 Minuten + 2 Std. Kochen

1 Geflügelklein, Ingwer, Knoblauch, Pfefferkörner, Sojasauce und 2 l Wasser in einen Topf füllen, salzen, aufkochen. 2 Stunden sieden. Möhren waschen, schälen, längs halbieren, in 5 mm dicke Scheiben schneiden. Zwiebeln schälen, in Spalten schneiden. Shiitakepilze putzen, vierteln. Zuckerschoten waschen, halbieren. Staudensellerie waschen, in dünne Scheiben schneiden. Rumpsteaks quer in dünne Scheiben schneiden. Sesamsamen in einer Pfanne rösten.

2 Geflügelsud durch ein Sieb in einen Topf gießen. Erhitzen, mit Sesamöl, 1 Prise Zucker, Pfeffer würzen. Möhren und Sellerie in der Brühe 10 Minuten garen. Zuckerschoten, Zwiebeln, Pilze dazugeben, 5 Minuten garen. Rohe Fleischscheibe portionsweise bei Tisch in der heißen Brühe garen, mit Sesamsamen bestreuen. Brühe am Schluss trinken.

>> Dies ist eine schnelle Carpaccio-Variante. Falls beim Aufschneiden die Scheiben zu dick geworden sind, einfach mit Klarsichtfolie bedecken und das Fleisch etwas platt klopfen.

Gebratenes Rindercarpaccio mit Mango-Salsa und Bohnen-Tempura

für 4 Personen

1 Mango
1 Bio-Limette
1 rote Chilischote
2 Frühlingszwiebeln
Salz
1 Ei, Größe M
150 ml kaltes Mineralwasser
   mit Kohlensäure
1 EL Weißwein
50 g Mehl
50 g Speisestärke
100 g Keniabohnen
½ TL schwarze Pfefferkörner
½ TL Koriandersamen
½ TL Chiliflocken
2 Pimentkörner
1 TL getrockneter Oregano
1 EL Meersalz
2 Rinderfiletsteaks (à 400 g)
1 EL Sonnenblumenöl
Öl zum Frittieren

Zubereitungszeit:
30 Minuten +
30 Minuten Kühlen

1 Mango schälen, Fruchtfleisch vom Stein schneiden und fein würfeln. Limette heiß waschen und 1 TL Schale fein abreiben. Limettensaft auspressen. Mangowürfel, Limettenschale, Limettensaft in einer Schüssel mischen. Chilischote waschen, längs halbieren, entkernen und fein würfeln. Frühlingszwiebeln waschen und in feine Ringe schneiden. Mit den Chiliwürfeln zur Mango-Salsa geben, mit Salz abschmecken. Abgedeckt 30 Minuten kalt stellen.

2 Für den Tempura-Teig Ei, Mineralwasser, Wein, Mehl, Speisestärke und 1 Prise Salz in einer Schüssel glatt rühren und 20 Minuten kalt stellen. Bohnen putzen und in Salzwasser 3–4 Minuten kochen. Kalt abschrecken und abtropfen lassen. Sämtliche Gewürze mit dem Meersalz in den Mörser geben und mittelfein zerstoßen. Filetsteaks damit rundherum einreiben.

3 Grillpfanne erhitzen und mit 1 EL Öl auspinseln. Steaks darin außen ringsherum 3–4 Minuten anbraten. In Alufolie wickeln und 5 Minuten ruhen lassen. Öl in einem Frittiertopf erhitzen, die Bohnen nacheinander durch den Tempurateig ziehen, abtropfen lassen und im heißen Fett hellbraun ausbacken. Auf Küchenpapier abtropfen lassen. Steaks in dünne Scheiben schneiden, mit der Mango-Salsa übergießen und mit den Bohnen anrichten.

Familienzeit

Zweimal Glück gehabt! Ich hatte mir immer Mädels gewünscht und verbringe mit meinen kleinen Töchtern möglichst jede freie Minute. Die beiden sind wie Feuer und Wasser, total unterschiedlich. Das macht das Zusammensein mit ihnen richtig spannend. Am liebsten hänge ich mit den beiden zu Hause rum und lasse dafür den einen oder anderen Event sausen. Außerdem fühle ich mich – logisch – für ihre Ernährung und Geschmackserziehung mitverantwortlich. Das geht so nebenbei beim Kochen und Essen, ist im Moment allerdings nicht einfach, weil sie gerade in die »Ich-esse-alles-mit-Ketchup«-Phase kommen. Manchmal gehen wir ins *ONO* oder *Henssler Henssler*, schließlich sollen die beiden sehen, was der Papa so macht. Kalten Fisch mögen sie übri-

gens beide. Ist wohl genetisch bedingt. Letztens war ich mit beiden Mädels im Urlaub, und ich muss sagen: Selten so viel Spaß gehabt! Total witzig finde ich, wenn ich sie gegen acht ins Bett stecke und sie sich dann gegenseitig über ihre Kuscheltiere unterhalten. Kurzum: Mein Leben hat sich durch meine Töchter sehr verändert, auf absolut positive Weise. Was den Rest der Familie angeht: Mit meinem Vater und einem Bruder arbeite ich zusammen, das ist Familienalltag. Mein Vater ist schon lange in der Gastronomie selbstständig, und ich bin quasi im Restaurant aufgewachsen. Ich habe immer mitgearbeitet – freiwillig natürlich. Telefondienst machen, Getränke auffüllen und all so was. Mir hat das Spaß gemacht, und so war früh klar, dass ich auch in diese Branche gehe. 2001 habe ich mich mit meinem Vater zusammengetan und das *Henssler Henssler* eröffnet. Dort ist er heute noch Partner. Inzwischen arbeitet auch mein jüngerer Bruder Peter im Restaurant und ist für den Service verantwortlich.

>> Pak Choi, eine asiatische Kohlart, gibt es mittlerweile in fast jedem gut sortierten Supermarkt oder im Asialaden. Wenn es gerade keinen gibt, einfach Chinakohl nehmen. Bei den Garnelen immer darauf achten, dass sie aus dem Meer kommen. Die schmecken einfach knackiger als die Kollegen aus dem Zuchtbecken. Kosten zwar ein bisschen mehr, sind den Preis aber wert.

Gebratene Garnelen mit Pak Choi

für 4 Personen

4 Stängel Zitronengras
2 Knoblauchzehen
4 cm Ingwerwurzel
   (etwa 25 g)
1 rote Chilischote
1 EL Zucker
4 EL Limettensaft
8 EL Sojasauce
10 EL Sonnenblumenöl
Salz
500 g Riesengarnelen,
   ohne Kopf und Schale
1 TL helle Sesamsamen
1 TL schwarze Sesamsamen
400 g Pak-Choi
2 TL dunkles Sesamöl
1 Schalotte

**Zubereitungszeit:
25 Minuten + 1 Stunde
Marinieren**

1 Zitronengras waschen, die harten äußeren Blätter entfernen und nur das innere Weiße fein hacken. Knoblauch und Ingwer schälen und grob hacken. Chilischote waschen, entkernen und grob zerkleinern. Zitronengras, Knoblauch, Ingwer und Chili mit Zucker, Limettensaft, 6 EL Sojasauce, 4 EL Öl und 1 Prise Salz mit dem Stabmixer fein pürieren. Garnelen am Rücken aufschlitzen und den schwarzen Darmfaden entfernen. Der Länge nach aufschneiden, aber nicht durchschneiden, sodass beide Hälften am Schwanz zusammenhängen. In einem Sieb mit kaltem Wasser abspülen und gründlich trocken tupfen. In einer Schüssel mit der Zitronengraspaste vermischen und 1 Stunde abgedeckt marinieren.

2 Sesamsamen in einer Pfanne ohne Fett leicht anrösten. Pak Choi putzen, waschen und trocken schleudern. Stiele längs einschneiden, damit sie schneller gar werden. 2 EL Sonnenblumenöl, Sesamöl und die restliche Sojasauce (2 EL) in einer Tasse vermischen. Schalotte schälen, in feine Würfel schneiden und mit dem Sesam unter die Sauce mischen. Im Wok 2 EL Öl erhitzen. Pak Choi bei starker Hitze 1–2 Minuten unter Rühren braten und aus dem Wok heben. Wok auswischen und restliches Öl (2 EL) darin sehr stark erhitzen. Garnelen aus der Marinade nehmen, abtropfen lassen und 1–2 Minuten unter ständigem Rühren braten. Pak Choi mit der Sesamsauce und der Marinade in den Wok geben und alles in 2–3 Minuten unter ständigem Rühren fertig garen.

Saltimbocca mit Zitronen-Kartoffelpüree

für 4 Personen
12 Salbeiblättchen
4 dünne Kalbsschnitzel
   aus dem Kalbsrücken
   (à 200 g)
4 EL Sonnenblumenöl
4 Scheiben Parmaschinken
Pfeffer, Salz
2 Knoblauchzehen
100 g Butter

Zubereitungszeit:
30 Minuten

1 Salbei waschen, trocken tupfen und in Streifen schneiden. Kalbs-schnitzel halbieren, mit etwas Öl bestreichen, zwischen zwei Lagen Klarsichtfolie packen und mit dem Fleischklopfer (notfalls geht auch eine schwere Pfanne) schön dünn klopfen. Auf jede Kalbfleisch-scheibe ½ Scheibe Schinken legen. Die Hälfte der Salbeiblättchen auf dem Schinken verteilen. Die Schnitzel zusammenklappen und mit Holzstäbchen zusammenstecken. Mit Pfeffer und Salz würzen. Vorsichtig salzen, der Parmaschinken ist ja an sich schon salzig.

2 Restliches Öl in einer Pfanne erhitzen. Schnitzel bei starker Hitze von jeder Seite 1 Minute braten. Knoblauch mit dem Handballen an-drücken und mitbraten. 50 g Butter dazugeben und aufschäumen. Fleisch 2 Minuten weiterbraten und die Schnitzel dabei mit der But-ter übergießen. Schnitzel aus der Pfanne nehmen und in Alufolie wickeln. Restliche Butter in der Pfanne erhitzen. Knoblauch rausfischen. Restliche Salbeiblätter dazugeben und kurz in der Butter braten, salzen und zu den Schnitzeln servieren.

ZITRONEN-KARTOFFELPÜREE
600 g mehligkochende
   Kartoffeln
Salz
1 Bund Petersilie
180 ml heiße Milch
2 EL Butter
2 TL abgeriebene Schale
   von 1 Bio-Zitrone
4 EL Zitronensaft
Pfeffer, Muskatnuss

Zubereitungszeit:
35 Minuten

ZITRONEN-KARTOFFELPÜREE
Kartoffeln schälen, in Stücke schneiden und in einem Topf mit Salzwasser etwa 20 Minuten garen. Inzwischen Petersilie waschen, trocken schütteln, Blättchen abzupfen und fein hacken. Weiche Kartoffeln abgießen, abdämpfen und mit einem Kartoffelstampfer zerdrücken. Milch und Butter unterrühren. Mit Zitronenschale, Zitronensaft, Salz, Pfeffer und Muskatnuss würzen. Petersilie unter-heben und sofort servieren.

» Ein klassisches japanisches Gericht. Noch mehr Geschmack bekommt die Sache, wenn beim Anbraten der Jakobsmuscheln eine ordentliche Portion Butter in die Pfanne kommt. Die braune Butter dann einfach vor dem Servieren in die Suppe geben. Ja, das schmeckt!

Jakobsmuscheln mit Sobanudeln, Zuckerschoten und Pilzen

für 4 Personen
200 g Soba- oder Udon-
  Nudeln
50 g Shiitakepilze
100 g Zuckerschoten
80 g Brunnenkresse
4 EL Sonnenblumenöl
600 ml Geflügelfond
50 ml Mirin
3–4 EL Sojasauce
12 küchenfertige
  Jakobsmuscheln
1 EL geriebene Ingwerwurzel
Salz, Pfeffer

**Zubereitungszeit:
30 Minuten**

1 Die Nudeln in reichlich kochendem Wasser nach Packungsanweisung garen und abschrecken. Shiitakepilze und Zuckerschoten putzen und klein schneiden. Brunnenkresse waschen, trocken schleudern, Blättchen abzupfen. Öl (2 EL) in einem Topf erhitzen. Pilze und Zuckerschoten darin scharf anbraten. Geflügelfond, Mirin und Sojasauce dazugeben und alles aufkochen. Dann die Hitze reduzieren und alles warm halten.

2 Jakobsmuscheln trocken tupfen, mit dem geriebenen Ingwer mischen, salzen und pfeffern. Restliches Öl (2 EL) in einer Pfanne erhitzen, die Jakobsmuscheln bei mittlerer Hitze auf jeder Seite 2 Minuten goldbraun braten. Nudeln in der Brühe erwärmen. Brunnenkresse unter die Nudeln mischen und alles noch einmal mit Salz und Pfeffer abschmecken. Die Suppe auf 4 Schälchen verteilen. Jeweils 3 Jakobsmuscheln auf den Nudeln anrichten.

Es muss nicht immer italienische Pasta sein –
auch die japanische Küche kennt interessante
Nudelvarianten, die schnell zubereitet sind.

>> **Das Gericht eignet sich hervorragend, wenn die Küche halbwegs sauber bleiben soll. Alles kommt ins Papier, wird eingewickelt und ab in den Ofen. Wer großen Hunger hat, kann dünn geschnittene, gewürzte Kartoffelscheiben mit ins Päckchen packen.**

Lachs im Päckchen

für 4 Personen
4 Lachsfilets, ohne Haut
   und Gräten
   (à etwa 160 g)
Salz, Pfeffer
2 Bio-Limetten
8 Kräuterseitlinge
1 Zucchini
1 rote Chilischote
1 Frühlingszwiebel
3 cm Ingwerwurzel (20 g)
100 g weiche Butter
8 EL Weißwein
4 EL Sojasauce

Zubereitungszeit:
30 Minuten

1 Lachsfilets abspülen, trocken tupfen, mit Salz und Pfeffer würzen. Limetten heiß abwaschen. Schale von 1 Limette fein abreiben, den Rest in dünne Scheiben schneiden. Pilze putzen und Zucchini waschen, beides in dünne Scheiben schneiden. Chilischote waschen, entkernen und in feine Streifen schneiden. Frühlingszwiebel waschen, putzen und in feine Scheiben schneiden. Ingwer schälen und fein reiben. Backofen auf 200 °C Ober-/Unterhitze (180 °C Umluft) vorheizen.

2 4 Bögen Backpapier (30 × 30 cm) auf der Arbeitsfläche bereitlegen, in der Mitte mit je 25 g Butter einreiben. Pilze, Limetten- und Zucchinischeiben darauf verteilen. Lachsfilets auf das Gemüse legen. Limettenschale, Ingwer, Chili und Frühlingszwiebel auf den Lachsfilets verteilen, mit je 2 EL Weißwein und 1 EL Sojasauce beträufeln. Backpapierbögen über der Füllung mit Küchengarn fest verschließen. Eine beschichtete Pfanne ohne Fett erhitzen und die Päckchen darin einzeln jeweils für 1 Minute erwärmen. Päckchen auf ein Backblech setzen und im heißen Ofen auf der zweiten Schiene von unten 10 Minuten garen. Im Pergament auf die Teller setzen.

Asiatische
Brotzeit

Brotzeit – kein Begriff, den man auf Anhieb mit asiatischer Küche in Verbindung bringt. Passt aber trotzdem für die kleinen Gerichte, die zwischendurch oder als Teil eines Menüs serviert werden können. Da gibt es Bruschet-ta und Tempura, Pizza und Tatar. Nicht fehlen dürfen die japanischen Klassiker Sashimi und Sushi, für die mein Koch Karma Spezialist ist. Und mit meiner kleinen Sushi-Schule werdet auch ihr bald zu Meistern der leckeren Reisrolle.

≫ Hier müsst ihr zuerst die Lachsforelle marinieren und dann die Rösti machen. Das Spiel aus heiß und kalt am Gaumen gibt den Extra-Kick!

Marinierte Lachsforelle mit Kartoffelrösti

für 2 Personen
1 Rote-Bete-Knolle
  (etwa 50 g)
8 EL Distelöl
Salz, Pfeffer, Zucker
3 EL Weißweinessig
½ rote Chilischote
1 TL Honig
1 EL dunkles Sesamöl
100 g Lachsforellenfilet mit
  Haut
½ Nori-Blatt

**Zubereitungszeit:
20 Minuten**

1 Rote Bete schälen und klein würfeln. In einem Topf mit 1 EL Distelöl 2 Minuten anbraten. Mit Salz, Pfeffer und etwas Zucker würzen. Mit 100 ml Wasser und 1 EL vom Essig ablöschen. Zugedeckt bei milder Hitze 15 Minuten garen. Abkühlen lassen, bis die Beten lauwarm sind. Chilischote waschen, entkernen und fein hacken. (Wer die Schärfe liebt, kann die Kerne natürlich drinlassen.) Mit dem restlichen Essig (2 EL), Honig und Salz nach Geschmack verrühren, bis sich das Salz aufgelöst hat. Sesamöl und 3 EL Distelöl kräftig unterschlagen.

2 Lachsforellenfilet entgräten und mit einem scharfen Messer in sehr dünnen Scheiben von der Haut schneiden. Filetscheiben auf vier Tellern anrichten. Mit der Chili-Vinaigrette beträufeln und im Kühlschrank 10 Minuten marinieren. Restliches Distelöl (4 EL) in einem Topf erhitzen. Das Nori-Blatt in 3 cm große Stücke schneiden und nacheinander jeweils 2–3 Sekunden im heißen Öl frittieren. Herausheben, auf Küchenpapier abtropfen lassen und etwas zerbröseln. Rote Bete mit dem Fisch vermengen, Fisch auf den Röstis verteilen und mit den Nori-Blättern bestreuen.

KARTOFFELRÖSTI
250 g mehligkochende
  Kartoffeln
Salz, Pfeffer
6 EL Sonnenblumenöl

**Zubereitungszeit:
10 Minuten**

KARTOFFELRÖSTI

Kartoffeln waschen, schälen und raspeln. Mit Salz und Pfeffer würzen. Die Hälfte des Öls in einer großen beschichteten Pfanne erhitzen. Mit einem Esslöffel 3 kleine Häufchen der Kartoffelmasse mit etwas Abstand in die Pfanne geben und flach drücken. Rösti von jeder Seite jeweils in 3–5 Minuten goldbraun braten. Aus der Pfanne nehmen und auf Küchenpapier abtropfen lassen. Mit dem Rest der Masse weitere 3 Rösti backen.

>> Das ist eines der Standardgerichte in meinem Restaurant *ONO*. Das Dressing lässt sich prima mehrere Tage im Kühlschrank aufbewahren. Und der Salat schmeckt auch ohne den Fisch ganz hervorragend – für Vegetarier super geeignet.

Sashimi-Salat

für 4 Personen

500 g Fisch in Sushi-Qualität
   (z. B. Lachs, Thunfisch,
   Zander)
10 Stängel Kerbel
160 g Mesclun-Salat-
   mischung (ersatzweise
   Eichblatt- und Friséesalat)
1 rote Zwiebel
1 EL süße Chilisauce
   (Seite 232)
3 EL Reisessig
3 EL Sojasauce
2 EL brauner Rohrzucker
1 TL Senf
Cayennepfeffer

Zubereitungszeit:
20 Minuten

1 Fischstücke trocken tupfen und in dünne, mundgerechte Scheiben schneiden. Abgedeckt kalt stellen. Kerbel waschen, trocken schleudern, Blättchen abzupfen. Salat waschen, trocken schleudern, mit den Kerbelblättchen mischen und beiseitestellen. Mesclun ist übrigens eine Mischung aus Blättern und Trieben von jungem, wildem Blattgemüse wie Feldsalat, Löwenzahn, Pimpernelle, Portulak und Rucola. Könnt ihr euch im Garten zusammensuchen, wenn ihr einen habt.

2 Zwiebel schälen und fein würfeln. Chilisauce, Reisessig, Sojasauce, braunen Zucker und Senf in einer Schüssel verrühren. Zwiebelwürfel dazugeben und alles kräftig mit Cayennepfeffer würzen. Die Fischscheiben mit dem Salat auf den Tellern anrichten. Mit dem Dressing beträufeln und sofort servieren.

>> **Ein tolles Gericht, um sich an Sashimi heranzutasten. Es ist einfach zuzubereiten, das Fleisch von der Muschel ist fest und gar nicht fischig. Mit dem Grünzeug und der Sauce zusammen einfach nur lecker.**

Sashimi von der Jakobsmuschel

für 4 Personen
8 Kirschtomaten
80 g Rucola
1 kleine rote Chilischote
1 Kästchen Gartenkresse
1 Frühlingszwiebel
50 ml Ponzu-Sauce
   (Seite 232)
80 ml Olivenöl
1 EL helle Sesamsamen
12 küchenfertige
   Jakobsmuscheln
Salz, Pfeffer
2 EL Sonnenblumenöl

**Zubereitungszeit:
25 Minuten**

1 Kirschtomaten waschen, vierteln und entkernen. Rucola waschen und trocken schleudern. Chilischote waschen, entkernen und in dünne Streifen schneiden. Kresse vom Beet schneiden. Frühlings-zwiebel waschen und schräg in dünne Scheiben schneiden. Tomaten, Rucola, Chili, Kresse und Frühlingszwiebel in einer Schüssel ver-mischen. Ponzu-Sauce und das Olivenöl in einer Tasse verrühren. Die Sesamsamen in einer Pfanne ohne Fett goldbraun rösten.

2 Jakobsmuscheln trocken tupfen und mit Salz und Pfeffer würzen. Sonnenblumenöl in einer beschichteten Pfanne erhitzen und die Jakobsmuscheln darin 30 Sekunden auf jeder Seite anbraten. (Die Muscheln müssen innen noch roh sein.) Aus der Pfanne nehmen und waagerecht in dünne Scheiben schneiden. Scheiben fächerförmig auf den Tellern anrichten. Noch mal mit Salz und Pfeffer würzen. Salat auf den Jakobsmuscheln verteilen. Mit den gerösteten Sesamsamen bestreuen und mit der Ponzu-Olivenöl-Sauce beträufeln.

Kabeljau in Wasabi-Senf-Sauce mit Bratkartoffeln

für 4 Personen
2 Stängel Zitronengras
6 Frühlingszwiebeln
400 g gekochte
  Pellkartoffeln
600 g Kabeljaufilet
200 g junger Blattspinat
2 EL Butter
1 EL Mehl
300 ml Milch
400 g Sahne
8–10 TL Wasabipulver
2 EL körniger Senf
Salz, Pfeffer
etwas Zitronensaft
100 g durchwachsener
  Speck, fein gewürfelt
3 EL Butterschmalz
1 Bund Koriandergrün

Zubereitungszeit:
40 Minuten

1 Zitronengras halbieren und flach klopfen. Frühlingszwiebeln waschen, putzen und in halbe Ringe schneiden. Kartoffeln pellen und in 5 mm dicke Scheiben schneiden. Kabeljau in 4 Stücke schneiden. Spinat waschen und trocken schleudern. Butter in einem Topf schmelzen. Die Hälfte der Frühlingszwiebeln darin 2 Minuten andünsten. Mehl darüberstäuben und kurz mitdünsten. Milch und Sahne unter Rühren zugießen. Zitronengras dazugeben. Alles aufkochen und unter Rühren 10 Minuten köcheln. Mit Wasabipulver, Senf, Salz, Pfeffer und etwas Zitronensaft würzen. Zitronengras entfernen und die Sauce mit dem Stabmixer fein pürieren.

2 Für die Bratkartoffeln den Speck in einer großen Pfanne ohne Fett knusprig braten. Herausnehmen und 1 EL Butterschmalz in der Pfanne erhitzen. Kartoffelscheiben darin goldbraun braten, etwas salzen. Restliche Frühlingszwiebeln dazugeben, 3 Minuten mitbraten. Den Speck wieder dazugeben, umrühren. Koriander waschen, trocken schütteln und fein hacken. Bratkartoffeln aus der Pfanne nehmen, mit dem Koriander vermengen und warm halten.

3 In der Pfanne 1 EL Butterschmalz erhitzen. Den Spinat dazugeben und unter Rühren zerfallen lassen. Mit Salz und Pfeffer würzen. Aus der Pfanne nehmen und warm halten. Wieder 1 EL Butterschmalz in die Pfanne geben und die Kabeljaustreifen darin rundherum 3–4 Minuten anbraten. Salzen und pfeffern. Spinat und Bratkartoffeln auf Tellern verteilen, die Kabeljaustreifen auf den Spinat legen, mit der Sauce begießen und sofort servieren.

Kabeljau liefert Fischfilet mit weißem festem Fleisch, mager ist er außerdem noch. Der perfekte Kandidat für leckeres Fitnessfood.

It's Showtime

Tage, an denen ich ins Fernsehstudio muss, sind ziemlich vollgepackt, obwohl die Drehs meist in Hamburg stattfinden und ich inzwischen dort fast mehr Zeit verbringe als im Restaurant. 2006 ging es los mit dem Fernsehkochen – im roten Kochmobil von Rainer Sass. Der drehte eines Tages im *Henssler Henssler,* stellte mich vor die Kamera und fand mich tauglich. Nach Zwischenstationen bei diversen Sendern fand ich 2008 in der *Küchenschlacht* meinen Platz – zunächst als Juror. Bis jemand auf die Idee kam: Hey, der kann vielleicht auch moderieren. Zwei Jahre gehörte ich dort quasi zur Stammbesatzung und habe viel übers Fernsehen gelernt. Doch wenn es am schönsten ist, sollte man gehen. Im August 2010 war es für mich Zeit, etwas Neues auszuprobieren. Seitdem

wird unter meiner Aufsicht bei den *Topfgeldjägern* um die Wette gebrutzelt. Der Kontakt mit Kandidaten und Publikum macht mir einen Riesenspaß. Ein typischer Drehtag sieht so aus: In der Regel mache ich mich am späten Vormittag auf den Weg ins Studio. Dort gibt es eine Menge vorzubereiten und zu besprechen – mit dem Produzenten, den Kandidaten und natürlich meinem Juror, dem gefürchteten »Fallbeil« Frank Rosin. Ein super Kollege, der wirklich was draufhat. In der Maske werde ich für die Kamera hübsch gemacht, und dann wird gedreht – in der Regel drei Folgen flott hintereinander weg. Das ist ganz schön anstrengend! Was im Fernsehen total locker rüberkommt, verlangt tatsächlich volle Konzentration. So gegen 19 Uhr sind wir meist fertig. Fast immer schaue ich dann noch im *Henssler Henssler* oder im *ONO* vorbei. Schließlich muss ich mich um meine Läden, mein Team und meine Gäste kümmern – Fernsehen hin, Drehtag her. Aber irgendwann ist Schluss. Dann geht's ab nach Hause.

>> Bei diesem Gericht ist es wichtig, dass der Thunfisch innen wirklich roh bleibt. Wenn der Fisch trocken wird, schmeckt er einfach nicht mehr! Bei Einkaufsproblemen oder moralischen Bedenken: Frisches Lachsfilet ist eine gute Alternative zum Thunfisch.

Gebratenes Thunfisch-Sashimi mit Chili-Tapenade

für 4 Personen

60 g Pistazienkerne
3 grüne Chilischoten
80 g Schalotten
1 Bund Koriandergrün
11 EL Olivenöl
Saft von 3 Limetten
3 Tomaten
1 rote Zwiebel
80 ml Ponzu-Sauce
  (Seite 232)
Salz, Pfeffer
400 g Thunfischfilet, ohne
  Haut und Gräten
2 EL Sonnenblumenöl

Zubereitungszeit:
40 Minuten

1 Pistazienkerne in einer Pfanne ohne Fett anrösten, abkühlen lassen und sehr fein hacken. Chili waschen, entkernen und sehr fein hacken. Schalotten schälen und fein würfeln. Koriander waschen, trocken schütteln und fein hacken. 6 EL Olivenöl in einer Pfanne erhitzen. Schalotten und Chili darin 2 Minuten andünsten. Koriander dazugeben und alles mit dem Limettensaft ablöschen. In eine Schüssel geben und die gehackten Pistazien untermischen.

2 Tomaten waschen, in Scheiben schneiden, dabei den Stielansatz entfernen. Scheiben auf vier Teller verteilen. Zwiebel schälen und sehr fein würfeln. Ponzu-Sauce und restliches Olivenöl (5 EL) vermischen. Zwiebelwürfel unterrühren. Tomatenscheiben mit Salz und Pfeffer würzen und mit der Ponzu-Saucenmischung beträufeln.

3 Thunfischfilet in 4 Stücke schneiden. Auf der Ober- und Unterseite kräftig mit Salz und Pfeffer würzen. Sonnenblumenöl in einer Pfanne erhitzen. Thunfischfilets von beiden Seiten ganz kurz scharf anbraten, herausnehmen und in Scheiben schneiden. Auf den Tomatenscheiben anrichten und die Tapenade darüber verteilen.

>> **Das ist ein schnelles und wirklich einfaches Gericht. Wichtig ist, dass beim Schneiden des Fischs das Messer immer wieder angefeuchtet wird. So gleitet es viel leichter durch das Filet.**

Bruschetta mit Wolfsbarsch

für 4 Personen
6 EL Olivenöl
8 Scheiben Ciabatta
Salz
150 g Wolfsbarschfilet, ohne
    Haut und Gräten
3 Limetten
Pfeffer
2 Tomaten
1 Frühlingszwiebel
1 kleine rote Chilischote
5 Stängel glatte Petersilie
1 Römersalatherz
2 EL frisch geriebener
    Parmesan

**Zubereitungszeit:
20 Minuten**

1 In einer Pfanne 3 EL Olivenöl erhitzen und Ciabattascheiben darin auf beiden Seiten goldbraun rösten. Herausnehmen und auf Küchenpapier legen. Einen Topf mit Salzwasser auf dem Herd zum Kochen bringen. Den Fisch trocken tupfen und in dünne Scheiben schneiden. Von 2 Limetten die gesamte Schale abtrennen und die Filets zwischen den Trennhäuten herausschneiden. Den Saft auffangen, die restliche Limette auspressen. Fischscheiben mit Limettenfilets, Limettensaft und restlichem Olivenöl (3 EL) in einer Schüssel vermischen. Mit Salz und Pfeffer würzen und 10 Minuten ziehen lassen.

2 Tomaten waschen und den Stielansatz keilförmig herausschneiden. Im kochenden Salzwasser 30 Sekunden blanchieren, kalt abschrecken und die Haut abziehen. Geschälte Tomaten vierteln, entkernen und klein schneiden. Frühlingszwiebel waschen und schräg in dünne Scheiben schneiden. Chilischote waschen, längs halbieren, entkernen und fein hacken. Petersilie waschen, trocken schütteln, Blätter abzupfen und in feine Streifen schneiden. Römersalat putzen, waschen, trocken schleudern und in feine Streifen schneiden.

3 Tomatenwürfel, Frühlingszwiebel, Chilischote, Petersilie und Römersalat zum Fisch in die Schüssel geben, alles gut vermengen und mit Salz und Pfeffer abschmecken. Die Fischmischung auf den Ciabattascheiben verteilen, mit dem Parmesan bestreuen und die Bruschetta sofort servieren.

>> Wolfgang Puck ist einer der bekanntesten Köche Nordamerikas. Bei ihm haben wir Pizza gegessen, wie sie unten auf dem kleinen Foto zu sehen ist. Begonnen hat seine Karriere mit einer Lachs-Kaviar-Pizza. Mein Rezept dazu ist eine günstige Variante. Man kann dafür auch rohen Lachs mit Räucherlachs mischen.

Pizza mit Lachs und Speck

für 4 Personen
½ Würfel frische Hefe
1 Prise Zucker
250 g Mehl
½ TL Salz
1 EL Olivenöl
6 Scheiben Räucherspeck
3 Tomaten
1 Zucchini
Salz, Pfeffer
280 g Lachsfilet ohne Haut
  und Gräten
80 g Parmesan am Stück

Zubereitungszeit:
70 Minuten

1 Für den Pizzateig 125 ml lauwarmes Wasser in eine Schüssel geben und die Hefe darin auflösen, Zucker und die Hälfte des Mehls dazugeben und unterrühren. Auf diese Masse Salz, Olivenöl und das restliche Mehl geben. Diesen Vorteig 20 Minuten gehen lassen, danach alles gut verkneten und wieder 20 Minuten gehen lassen. Aus dem Teig 4 kleine Kugeln formen, ganz dünn und kreisrund ausrollen und auf ein gefettetes Backblech legen. Den Backofen auf 250 °C Ober-/Unterhitze vorheizen.

2 Speck in feine Würfel schneiden und in einer Pfanne ohne Fett kross ausbraten. Tomaten und Zucchini waschen, in dünne Scheiben schneiden und dabei die Stielansätze entfernen. Tomaten- und Zucchinischeiben auf den Pizzen verteilen und mit Salz und Pfeffer würzen. Auf die untere Schiene in den vorgeheizten Backofen schieben und 8–10 Minuten backen. In der Zwischenzeit das Lachsfilet schräg in dünne Scheiben schneiden. Pizzen aus dem Ofen nehmen und den Lachs sowie den Speck darauf verteilen. Zum Schluss den Parmesan grob darüberhobeln.

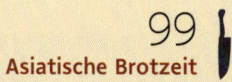

>> Das Thunfischtatar eignet sich prima als Starter für ein Menü. Es kann vorbereitet werden, schmeckt richtig lecker und macht auf dem Teller was her. Ist aber auch als netter Snack für den Liebsten oder die Liebste nicht zu verachten. Und auch hier gilt: Wenn es keinen Thunfisch gibt, einfach Lachs nehmen.

Thunfischtatar auf Birne und Bohnen

für 4 Personen
100 g grüne Bohnen
Salz
2 EL Weißweinessig
1 EL Honig
4 EL Rapsöl
½ reife Birne
1 Frühlingszwiebel
300 g sehr frischer Thunfisch
   (Sushi-Qualität)
2 TL Zitronensaft
2 EL Sojasauce
Tabasco

**Zubereitungszeit:
20 Minuten**

1 Bohnen putzen und in kochendem Salzwasser 3 Minuten blanchieren, abgießen und kalt abschrecken. Essig, Honig und etwas Salz in einer großen Schüssel verrühren, das Öl kräftig unterschlagen. Die blanchierten Bohnen schräg in dünne Scheiben schneiden und mit der Vinaigrette mischen. Birne schälen, entkernen und in dünne Spalten schneiden. Das Hellgrüne der Frühlingszwiebel in dünne Ringe schneiden. Beides unter die Bohnen mischen.

2 Das Weiße der Frühlingszwiebel sehr fein würfeln. Den Thunfisch ganz fein würfeln. Beides mischen und mit Zitronensaft, Sojasauce und einigen Spritzern Tabasco abschmecken. In zwei mit Öl ausgepinselte Espressotassen füllen. Die Bohnen auf den Tellern anrichten, das Thunfischtatar daneben stürzen und sofort servieren.

>> Das Gericht kommt ursprünglich aus Peru. Die Säure und das Marinieren bewirken beim Fisch eine Art Garprozess. Wer Angst vor dem Verzehr von rohem Fisch hat: Das ist dein Gericht! Damit kannst du dich problemlos herantasten.

Ceviche von der Dorade

für 4 Personen
4 Doradenfilets, ohne Haut
und Gräten (à 70 g)
3 Limetten
120 g Salatgurke
120 g Staudensellerie
2 rote Zwiebeln
½ grüne Chilischote
8 Kirschtomaten
Salz, Pfeffer
2 EL Petersilienblättchen
80 ml Olivenöl

Zubereitungszeit:
15 Minuten + 30 Minuten
Marinieren

1 Doradenfilets trocken tupfen und schräg in dünne Scheiben schneiden. Limetten heiß waschen. Von 2 Limetten die Schale fein abreiben und den Saft auspressen. Die restliche Limette komplett schälen und die Filets zwischen den Trennhäuten herausschneiden. Gurke schälen, längs halbieren, entkernen und in dünne Scheiben schneiden. Sellerie waschen, putzen und in dünne Scheiben schneiden. Zwiebeln schälen und in dünne Streifen schneiden. Chili längs halbieren, entkernen und fein hacken. Tomaten vierteln, dabei Stielansatz und Kerne entfernen.

2 Fischscheiben mit Limettensaft, Limettenschale und Limettenfilets in einer Schüssel mischen. Gurke, Sellerie, Zwiebel, Chili und Tomate dazugeben. Salzen, kräftig pfeffern und 30 Minuten abgedeckt im Kühlschrank marinieren. Petersilienblättchen fein hacken. Die Ceviche noch einmal mit Salz und Pfeffer abschmecken, mit dem Olivenöl beträufeln und mit der Petersilie vermischt servieren.

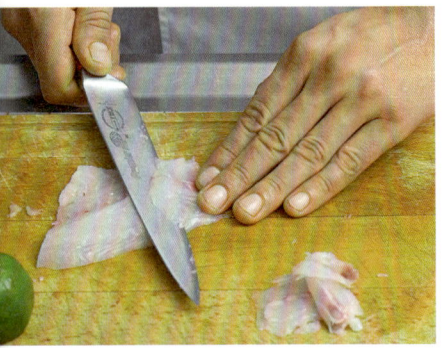

Bei meinen Gerichten muss am Gaumen etwas passieren. Dazu gehört die perfekte Abstimmung von Säure und Süße, Salz und Schärfe.

4 × Lachs

Scharfes Lachstatar

für 4 Personen: 300 g Lachsfilet, ohne Haut und Gräten // 100 g Salatgurke // 10 Sellerieblätter // 1 rote Chilischote (ersatzweise Schnittlauch) // Salz, Pfeffer // 2 EL Sojasauce

Zubereitungszeit: 15 Minuten

1 Lachsfilet trocken tupfen, sehr fein würfeln. Salatgurke schälen, längs halbieren, entkernen, fein würfeln. Sellerieblätter waschen, trocken schütteln, in feine Streifen schneiden. Chilischote waschen, Stielansatz entfernen, mit Kernen fein hacken.

2 Lachs mit Gurke, Sellerieblättern und Chili in einer Schüssel vermischen. Mit Salz, Pfeffer und Sojasauce abschmecken. Das Lachstatar auf den Tellern in einen Metallring füllen und anrichten. (Mit einer kleinen Tasse geht das auch.)

Gefüllte Lachshappen

für 4 Personen: 250 g Lachsfilet, ohne Haut und Gräten // 150 g Crème fraîche // Salz, Pfeffer // Saft von ½ Zitrone // 4 EL Tobikko (Fliegenfischrogen) // 10 EL Olivenöl // 4 EL gereifter Balsamico // 4 EL Gartenkresse

Zubereitungszeit: 15 Minuten

1 Lachsfilet trocken tupfen und schräg in dünne, große Scheiben schneiden. Crème fraîche mit Salz, Pfeffer und Zitronensaft würzen und mit dem Schneebesen steif schlagen. Tobikko unterrühren und die Creme auf die Lachsscheiben streichen.

2 Lachsscheiben zusammenklappen, auf die Teller legen und mit Salz und Pfeffer würzen. Olivenöl in einem Topf stark erhitzen und die Lachshappen damit übergießen. Mit Balsamico beträufeln, mit der Gartenkresse bestreuen und servieren – das muss wirklich fix gehen!

Gebratene Lachswürfel auf Gurkensalat

für 4 Personen: 1 Bio-Salatgurke // Saft von ½ Zitrone // 150 g Crème fraîche // 1 TL scharfe Chilisauce (Sriracha) // Salz, Pfeffer // 300 g Lachsfilet, ohne Haut und Gräten // 2 EL Sonnenblumenöl // 2 EL Zucker // 80 ml Sojasauce // 1 EL schwarze Sesamsamen

Zubereitungszeit: 20 Minuten

1 Salatgurke waschen, längs halbieren, entkernen und ungeschält in Scheiben schneiden. Gurkenscheiben fächerförmig auf den Tellern auslegen. Zitronensaft mit Crème fraîche und Chilisauce verrühren. Mit Salz und Pfeffer abschmecken. Lachsfilet trocken tupfen und in 3 cm große Würfel schneiden. Mit Salz und Pfeffer würzen.

2 Öl in einer Pfanne erhitzen und den Lachs scharf anbraten. Zucker dazugeben und karamellisieren. Mit Sojasauce ablöschen. Lachswürfel aus der Pfanne nehmen, sie sollten noch einen rohen Kern haben. Zitronencreme auf den Gurkenscheiben verteilen. Lachswürfel darauf anrichten. Mit Sojasauce aus der Pfanne beträufeln, mit Sesamsamen bestreuen.

Gratiniertes Lachsfilet

für 4 Personen: 1 Stange Staudensellerie // 1 Frühlingszwiebel // 1 rote Chilischote // 2 Limetten // 1 Eigelb // 1 TL mittelscharfer Senf // 100 ml Sonnenblumenöl // 1 EL Crème fraîche // Salz, Pfeffer // 1 Prise Zucker // 300 g Lachsfilet, ohne Haut und Gräten // 1 TL weiche Butter

Zubereitungszeit: 20 Minuten

1 Sellerie schälen und schräg in dünne Scheiben schneiden. Frühlingszwiebel waschen und fein hacken. Chilischote waschen, entkernen und fein würfeln. Limetten schälen und die Filets zwischen den Trennhäuten herausschneiden. Für die Mayonnaise Eigelb in einer Schüssel mit dem Senf verrühren. Öl erst tropfenweise, dann in dünnem Strahl mit dem Schneebesen zügig unterrühren. Crème fraîche untermischen und alles mit Salz, Pfeffer und Zucker würzen.

2 Lachs in 2 cm große Würfel schneiden, mit Limettenfilets und Frühlingszwiebel vermischen, salzen und pfeffern. Vier Metallringe (6 cm Ø) mit Butter ausreiben, auf ein Backblech setzen. Backofengrill vorheizen. Lachsmischung in die Ringe füllen, mit den Selleriescheiben belegen. Mayonnaise und Chili daraufgeben. Lachs unter dem heißen Grill goldbraun gratinieren. Herausnehmen, die Ringe auf Teller setzen (Vorsicht heiß!) und abziehen.

>> Wenn ihr den Tilapia mit Panko-Bröseln paniert, wird der Fisch wunderbar knusprig. Alternativ eignen sich auch Cornflakes. Die geben dem Gericht eine ganz milde Süße.

Tempura vom Tilapia mit dreierlei Dips

für 4 Personen
400 g Tilapia-Filet
Salz
1 EL helle Sesamsamen
½ Bund Koriandergrün
½ Bund Kerbel
120 ml Ponzu-Sauce
   (Seite 232)
4 Eigelb (aus ganz frischen
   Eiern!)
100 g Mehl
2 Eier, Größe M
80 g Panko-Brösel
   (ersatzweise grobe
   Semmelbrösel oder
   Cornflakes)
100 ml Sonnenblumenöl

Zubereitungszeit:
25 Minuten

1 Fischfilet in etwa 4 cm breite Stücke schneiden. Rundherum leicht salzen und auf Küchenpapier 5 Minuten ziehen lassen. Für die Dips die Sesamsamen in einer Pfanne ohne Fett goldbraun rösten. Koriandergrün und Kerbel waschen, trocken schütteln und fein hacken. Abgekühlte Sesamsamen in einem Schälchen mit den Kräutern vermischen. Ponzu-Sauce und Eigelbe ebenfalls jeweils in ein Schälchen geben, die Eigelbe nur leicht verrühren.

2 Mehl, Eier und Panko in jeweils einen Teller geben. Eier verquirlen. Fisch trocken tupfen, im Mehl wenden, abklopfen und durch die verquirlten Eier ziehen. Dann mit Panko panieren. Öl in einer Pfanne erhitzen und die panierten Fischstücke darin 4–6 Minuten braten, dabei öfter wenden. Auf Küchenpapier abtropfen lassen. Fisch mit Sesam-Kräuter-Dip, Ponzu-Sauce und verquirltem Eigelb servieren. Das Fischtempura zum Essen in die Dips tauchen.

» Wenn man gerade keine Lust auf Garnelen hat oder der Geldbeutel mal wieder leer ist, kann man einfach Gemüse wie Zucchini, Paprika oder Möhren durch den Teig ziehen und knusprig frittieren. Ist auch total lecker.

Tempura nach italienischer Art mit Chili-Koriander-Pesto

für 4 Personen

1 rote Chilischote
½ Bund Koriandergrün
½ Bund Petersilie
2 Frühlingszwiebeln
2 EL dunkles Sesamöl
150 ml Olivenöl
150 g Crème fraîche
Salz, Pfeffer
Öl zum Frittieren
4 Stangen grünen Spargel
1 Möhre
2 große Kräuterseitlinge
8 Riesengarnelen, ohne Kopf und Schale
100 g Tempura-Mehl
100 ml Eiswasser

**Zubereitungszeit:
30 Minuten**

1 Chilischote waschen, längs halbieren, entkernen und grob hacken. Kräuter waschen und trocken schütteln. Koriander mit Stielen grob hacken. Petersilienblätter abzupfen und hacken. Frühlingszwiebeln waschen und klein schneiden. Alles mit Sesam- und Olivenöl mit dem Stabmixer fein pürieren. In eine Schüssel geben und die Crème fraîche unterrühren. Mit Salz und Pfeffer abschmecken. Frittieröl in einem Topf auf 170 °C erhitzen. Es hat die richtige Temperatur, wenn sich an einem eingetauchten Holzstäbchen Bläschen bilden.

2 Inzwischen Spargel waschen, putzen und im unteren Drittel schälen. Möhre waschen und schälen. Kräuterseitlinge putzen. Spargel, Möhre und Kräuterseitlinge in lange, dünne Stifte gleicher Länge schneiden. Garnelen kalt abspülen, trocken tupfen und am Rückgrat entlang halbieren. Dabei den dunklen Darmfaden entfernen. Tempura-Mehl mit dem Eiswasser nicht ganz glatt rühren. Spargel, Möhre und Pilze in 4 Portionen teilen und je 4 Garnelenhälften dazugeben. Die Gemüseportionen mit den Garnelen mit einer Schaumkelle in den Teig geben, herausheben, etwas abtropfen lassen und im heißen Öl knusprig frittieren. Auf Küchenpapier abtropfen lassen. Mit dem Chili-Koriander-Pesto servieren.

Sushi-Schule

1 Sushi-Reis in eine Schüssel füllen. So viel kaltes Wasser dazu geben, dass der Reis bedeckt ist.

2 Den Reis etwa 1 Minute mit den Händen waschen. Vorsichtig arbeiten, damit der Reis nicht bricht.

3 Vier- bis fünfmal Wasser nachfüllen und abgießen. Das Wasser muss zuletzt ganz klar bleiben.

4 Reis im Reiskocher nach Anleitung garen (Grundrezept Seite 233).

5 Gekochten Reis in eine Plastikschüssel füllen, Sushizu (Grundrezept Seite 233) unterrühren.

6 Reis warm halten. Nori-Blatt mit einem Messer halbieren. Auf die glatte Seite drehen.

7 Mit feuchten Händen die Hälfte vom Sushi-Reis auf die raue Seite eines halben Nori-Blatts geben.

8 Vorsichtig verteilen und nur leicht andrücken, sonst wird die Sushi-Rolle zu fest.

9 An der oberen Längsseite des Nori-Blatts einen etwa 5 mm breiten Streifen frei lassen.

10 Das Nori-Blatt umdrehen, sodass die Seite mit dem Reis nach unten auf der Arbeitsfläche liegt.

11 In der Mitte des Nori-Blatts mit dem Finger quer einen dünnen Strich aus Wasabi-Paste ziehen.

12 Die Zutaten der Füllung der Länge nach auf die Mitte des Nori-Blatts aneinanderlegen.

13 Das Nori-Blatt mit den Fingern an den unteren Ecken fassen und über die Füllung schlagen.

14 Behutsam das ganze Nori-Blatt um die Füllung rollen, dabei die Rolle nur außen leicht anfassen.

15 Durch den feuchten Sushi-Reis hält die Rolle ohne weitere Hilfsmittel zusammen.

16 Ein Blatt Frischhaltefolie um die Bambusmatte legen (oder die Sushi-Rolle damit abdecken).

17 Matte vorsichtig mit beiden Händen ohne Druck auf die Sushi-Rolle legen.

18 Die Sushi-Rolle mithilfe der Bambusmatte unter ganz leichtem Druck in Form bringen.

19 Die Bambusmatte vorsichtig mit beiden Händen nach oben abnehmen und beiseitelegen.

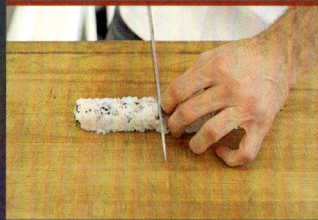
20 Die Klinge eines scharfen Messers anfeuchten und die Sushi-Rolle damit halbieren.

21 Sesamsamen auf einen Teller geben. Beide Hälften auf einer Seite in den Sesam drücken.

22 Die obere Seite der Sushi-Rolle sollte danach gleichmäßig mit den Sesamsamen bedeckt sein.

23 Beide Hälften der Sushi-Rolle mit einem scharfen Messer (feuchte Klinge!) in drei Teile schneiden.

24 Fertig! Die einzelnen Stücke der Sushi-Rolle können nun angerichtet werden.

» Vegetarische Röllchen werden in meinen Restaurants immer beliebter. Die sind zwar ein bisschen aufwendiger in der Herstellung, aber das Ergebnis lohnt jede Anstrengung.

Vegetarische Möhren-Gurken-Rolle

für 4 Personen
300 g Bio-Salatgurke
1 Möhre
20 g Butter
1 Prise Zucker
Salz, Pfeffer
2 Nori-Blätter
240 g Sushi-Reis, gekocht
  (Seite 233)
½ TL Wasabipaste
Sojasauce nach Geschmack
eingelegter Ingwer

**Zubereitungszeit:
25 Minuten**

1 Gurke waschen, längs halbieren, entkernen und ungeschält in dünne Streifen schneiden. Möhre waschen, schälen und in dünne Streifen schneiden. Butter in einem Topf erhitzen. Möhrenstreifen darin mit dem Zucker in 2–3 Minuten bissfest dünsten. Mit Salz und Pfeffer würzen. Nori-Blätter halbieren. Je 1 Blatt auf eine Bambusmatte legen. Sushi-Reis, Gurke und Möhre jeweils in 4 Portionen teilen.

2 Jeweils 1 Portion Reis auf dem Nori-Blatt ausstreichen. In der Mitte des Blattes einen Strich Wasabipaste ziehen. Die Möhren- und Gurkenstreifen auf dem Reis verteilen. Nori-Blätter mithilfe der Bambusmatten vorsichtig aufrollen, in Form bringen und leicht andrücken (Seite 110–111). Die fertigen Rollen jeweils in 5–6 Stücke schneiden. Auf vier Schälchen anrichten. Sojasauce und eingelegten Ingwer dazu servieren.

>> Diese Rolle habe ich erfunden, weil ich mindestens tausend Mal gefragt wurde, ob ich nicht eine Rolle mit Rindfleisch machen könnte. Na klar, kann ich! Ganz wichtig ist, das Fleisch von außen kräftig zu würzen. Diese Rolle lieben auch Leute, die sonst kein Sushi mögen.

Sushi-Rolle mit Rind

für 4 Personen
300 g Bio-Salatgurke
4 Frühlingszwiebeln
200 g Rumpsteak
50 g Tempura-Mehl
50 ml Eiswasser
50 g Mehl
Öl zum Frittieren
2 Nori-Blätter
360 g Sushi-Reis, gekocht
  (Seite 233)
½ TL Wasabipaste
Salz, Pfeffer
3 EL Sonnenblumenöl
100 ml Teriyaki-Sauce
  (Seite 232)
1 TL japanischer Chilipfeffer
  (Shichimi togarashi)
1 EL schwarze Sesamsamen

**Zubereitungszeit:
45 Minuten**

1 Gurke waschen, längs halbieren, entkernen und ungeschält in dünne Streifen schneiden. Die Frühlingszwiebeln waschen und das Grün so kürzen, dass die Stangen auf ein Nori-Blatt passen. Steak quer in dünne Scheiben schneiden. Scheiben auf der Arbeitsfläche auslegen, mit Klarsichtfolie abdecken und flach klopfen. Tempura-Mehl in einem Schüsselchen mit dem Eiswasser verrühren. Mehl auf einen Teller schütten. Das Öl in einem weiten Topf auf etwa 160 °C erhitzen. (Bei richtiger Temperatur bilden sich an einem Holzstäbchen kleine Bläschen.) Die Frühlingszwiebelstücke im Mehl wenden, durch den Tempura-Teig ziehen, etwas abtropfen lassen und im heißen Öl ausbacken. Auf Küchenpapier abtropfen lassen.

2 Nori-Blätter halbieren. Den Reis mit angefeuchteten Händen darauf ausstreichen (Seite 110–111). Die Blätter auf einer mit Klarsichtfolie ausgelegten Arbeitsfläche umdrehen (die Reisseite liegt jetzt auf der Arbeitsfläche). Jeweils einen dünnen Strich Wasabipaste auf den Nori-Blättern ziehen. Gurkenstreifen und je 1 Frühlingszwiebel in die Mitte legen. Die Nori-Blätter vorsichtig aufrollen und leicht andrücken.

3 Rindfleischscheiben um die Rollen legen und mithilfe einer Bambusmatte in Form bringen. Ringsum salzen und pfeffern. Sonnenblumenöl in einer Pfanne erhitzen und die Rollen kurz anbraten. Aus der Pfanne nehmen und mit einem scharfen Messer in 5–6 Stücke schneiden. Teriyaki-Sauce in einem kleinen Topf erhitzen und mit dem Chilipfeffer verrühren. Sushi-Rollen mit der Sauce beträufeln und mit den Sesamsamen bestreuen.

>> Viele denken, diese Art von Sushi sei am einfachsten zu machen. Stimmt aber nicht. Während meiner Zeit in Kalifornien habe ich mindestens 300 von diesen Rollen gemacht, bevor es halbwegs klappte. Also nicht verzweifeln, wenn die ersten Versuche nicht perfekt gelingen. Übung macht den Sushi-Meister!

Sushi-Rolle mit gegrilltem Paprika

für 4 Personen
4 Frühlingszwiebeln
300 g Bio-Salatgurke
1 rote Chilischote
2 rote Paprikaschoten
2 Nori-Blätter
360 g Sushi-Reis, gekocht
   (Seite 233)
½ TL Wasabipaste
Sojasauce nach Geschmack
eingelegter Ingwer

**Zubereitungszeit:
35 Minuten**

1 Backofengrill vorheizen. Frühlingszwiebeln waschen und längs halbieren. Gurke und Chilischote waschen, längs halbieren, entkernen und längs dünne Streifen schneiden. Paprikaschoten waschen, vierteln, von Stielansatz, Trennhäuten und Kernen befreien. Mit der Hautseite nach oben auf ein Backblech legen. Unter dem Backofengrill 6–8 Minuten rösten, bis die Haut schwarze Blasen wirft. Aus dem Backofen nehmen, 5 Minuten mit einem feuchten Tuch bedecken und dann häuten.

2 Nori-Blätter halbieren. Den Reis mit angefeuchteten Händen auf den Blättern ausstreichen (Seite 110–111). Die Blätter auf einer mit Klarsichtfolie ausgelegten Arbeitsfläche umdrehen (die Reisseite liegt jetzt auf der Arbeitsfläche). Jeweils einen dünnen Strich Wasabipaste ziehen.

3 Frühlingszwiebel-, Gurken- und Chilistreifen in der Mitte der Nori-Blätter verteilen. Blätter vorsichtig aufrollen, leicht andrücken und außen mit den gegrillten Paprikastücken belegen. Rollen mithilfe einer Bambusmatte in Form bringen. Mit einem scharfen Messer jeweils in 5–6 Stücke schneiden. Mit Sojasauce und eingelegtem Ingwer servieren.

>> Diese beiden Rollen stehen abwechselnd auf den Speisekarten meiner beiden Restaurants. Für die Rezepte habe ich Hühnerbrust vorgeschlagen. Es lohnt sich aber, eine Hühnerkeule auszulösen, denn das Muskelfleisch ist einfach saftiger. Kleiner Geheimtipp am Rande: Etwas gehackte Minze in die Rolle geben.

Sushi-Rolle mit Huhn

für 4 Personen
1 Hähnchenbrust
   (etwa 200 g)
Salz, Pfeffer
1 EL Sonnenblumenöl
100 ml Teriyaki-Sauce
   (Seite 232)
2 EL helle Sesamsamen
2 EL schwarze Sesamsamen
100 g Bio-Salatgurke
½ reife Avocado
2 Nori-Blätter
320 g Sushi-Reis, gekocht
   (Seite 233)
½ TL Wasabipaste
Sojasauce nach Geschmack
eingelegter Ingwer

**Zubereitungszeit:
25 Minuten**

1 Hähnchenbrust längs in gleich lange Streifen schneiden. Mit Salz und Pfeffer würzen. Öl in einer beschichteten Pfanne erhitzen und Fleisch darin 3 Minuten anbraten. Mit der Teriyaki-Sauce ablöschen. Die Sesamsamen in einer Pfanne ohne Fett anrösten. Gurke waschen, entkernen und ungeschält in ganz feine Streifen schneiden. Avocado halbieren, entkernen, schälen und in etwa 1 cm dicke Streifen schneiden. Nori-Blätter halbieren.

2 Den Reis mit angefeuchteten Händen auf den Nori-Blättern ausstreichen, dabei zur oberen Längsseite einen 3 cm breiten Rand frei lassen (Seite 110). Die Blätter auf einer mit Klarsichtfolie ausgelegten Arbeitsfläche umdrehen (die Reisseite liegt jetzt auf der Arbeitsfläche). Je 1 dünnen Strich Wasabipaste auf den Nori-Blättern ziehen. Gurken-, Avocado- und Hähnchenbruststreifen quer in die Mitte der Nori-Blätter legen. Blätter aufrollen, dabei zuerst den Teil ohne Reis einmal um die Füllung schlagen. Die Rollen mit einer in Klarsichtfolie gewickelten Bambusmatte in Form bringen.

3 Die gerösteten Sesamsamen auf einen flachen Teller geben und die Rollen darin wenden. Mit einem scharfen Messer jeweils in 5–6 Stücke schneiden und mit Teriyaki-Sauce beträufeln. Mit Sojasauce und eingelegtem Ingwer auf Schälchen anrichten. Nicht aufessen, bevor die Gäste kommen!

VARIANTE MIT PANIERTER HÄHNCHENBRUST
Öl zum Frittieren
1 Hähnchenbrust
   (etwa 200 g)
Salz, Pfeffer
50 g Mehl
50 g Panko-Brösel
1 Ei, Größe M
4 TL scharfe Chilisauce
   (Sriracha)

VARIANTE MIT PANIERTER HÄHNCHENBRUST (auf Foto links)
Öl in einem Topf erhitzen. Hähnchenbrust längs in 4 gleich lange Streifen schneiden, salzen und pfeffern. Mehl und Panko-Brösel auf je einen Teller geben. Ei in einem Teller aufschlagen. Fleischstreifen im Mehl wenden, abklopfen und durch das verquirlte Ei ziehen. Mit den Panko-Bröseln panieren. Im Frittieröl in 3–4 Minuten goldbraun frittieren und auf Küchenpapier abtropfen lassen. Dann mit der Gurke und den restlichen Zutaten weitermachen wie oben beschrieben. Von der Chilisauce wird je ½ TL auf die Avocado- und Hähnchenbruststreifen in der Rolle gegeben, der Rest wird über die fertigen Sushi-Rollen geträufelt.

Küchenparty

Kochen für Freunde und Gäste – da geht es richtig rund. Zuerst in der Küche und hinterher bei Tisch. In diesem Kapitel gibt es Shooter und Suppen, Saucen und Dips, kräftige Braten, knuspriges Geflügel und Fisch aus dem Ofen. Perfekte Gerichte für Menüs, bei denen der Gastgeber nicht zwischendrin ständig in der Küche stehen muss. Eines meiner absoluten Lieblingsgerichte für solche Gelegenheiten ist übrigens gegrillter Schweinebauch.

>> Dieses Gericht habe ich in Amerika kennen und lieben gelernt. Der Imbiss, in dem ich das gegessen habe, liegt mitten in Los Angeles. Dort gab es nur Frittiertes, aber lecker ohne Ende!

Backhähnchen mit Buttersauce

1 Semmelbrösel, Mehl und Eier in je einen tiefen Teller geben. Eier mit Sahne und etwas Salz und Pfeffer kräftig verquirlen. Das Brathähnchen waschen und gründlich trocken tupfen. Mit einer Geflügelschere halbieren. Backofen auf 180 °C Ober-/Unterhitze vorheizen. Sonnenblumenöl in einem Topf erhitzen. Beide Hälften in Mehl wenden, bis sie ringsum bedeckt sind, überschüssiges Mehl abklopfen. Anschließend im Ei und in den Semmelbröseln wenden. Panade leicht festklopfen. Hähnchenhälften im heißen Öl nacheinander unter Wenden in etwa 5 Minuten goldbraun ausbacken. Auf Küchenpapier abtropfen lassen und dann auf ein Backblech mit Backpapier legen. Im heißen Ofen 50–60 Minuten auf der mittleren Schiene garen.

2 Inzwischen Schalotten und Knoblauch schälen und sehr fein würfeln. Chilischote waschen, entkernen und sehr fein schneiden. 1 EL der Butterwürfel in einem Topf schmelzen, Schalotten, Knoblauch und Chili darin glasig dünsten. (Wer es scharf mag, kann auch die ganze Chilischote verwenden.) Mit Zitronenschale, Zitronensaft und Salz würzen.

3 Kurz vor dem Servieren die übrigen Butterwürfel nach und nach mit dem Schneebesen unterrühren, bis sie geschmolzen sind und die Sauce gebunden haben. Die fertigen Backhähnchenteile aus dem Ofen nehmen und sofort mit der Buttersauce servieren.

für 2–4 Personen
200 g Semmelbrösel
150 g Mehl
3 Eier, Größe M
3 EL Sahne
Salz, Pfeffer
1 Brathähnchen
  (etwa 1,3 kg)
750 ml Sonnenblumenöl
2 Schalotten
1 Knoblauchzehe
½ rote Chilischote
100 g kalte Butter, in
  Würfeln
1 TL abgeriebene Schale
  von 1 Bio-Zitrone
2 EL frisch gepresster Saft
  von 1 Zitrone

Zubereitungszeit:
75 Minuten

>> Rotkohl kennen die meisten wahrscheinlich als gekochtes Gemüse zu Ente oder Gans. Aber in dünne Streifen geschnitten, gibt er auch einen tollen Salat ab. Kleiner Tipp: Wenn vom Festtagsessen Entenreste übrig bleiben, eignen die sich hervorragend für eine Frühlingsrolle.

Entenfrühlingsrolle mit Wasabicreme und mariniertem Rotkohl

für 4 Personen
4 Blätter Frühlingsrollenteig
   (20 × 20 cm; tiefgekühlt)
350 g Rotkohl
1 Orange
Zucker, Salz, Pfeffer
2 EL Balsamico
3 EL Traubenkernöl
1 kleine Knoblauchzehe
1 TL Butter
100 g Crème fraîche
50 g Wasabipulver
350 g gegartes Entenfleisch
6 EL Hoisin-Sauce
Öl zum Frittieren
1 Eigelb

Zubereitungszeit:
45 Minuten

1 Frühlingsrollenteig zum Auftauen herauslegen. Rotkohl waschen, vierteln und den Strunk keilförmig herausschneiden. Anschließend sehr fein in eine Schüssel hobeln oder fein schneiden. Orange komplett schälen und die Filets zwischen den Trennhäuten herausschneiden. Saft aus den Orangenresten pressen und zum Rotkohl geben, ebenso die Filets. Mit 1 Prise Zucker, 1 TL Salz und etwas Pfeffer würzen, alles gut miteinander vermengen. 5 Minuten ziehen lassen. Balsamico und Traubenkernöl untermischen und noch mal abschmecken.

2 Knoblauch schälen und fein reiben. Butter in einer Pfanne zerlassen und Knoblauch darin für etwa 30 Sekunden andünsten. Abkühlen lassen und in einer Schüssel mit Crème fraîche und Wasabipulver verrühren. Mit Salz und Pfeffer abschmecken. Entenfleisch in feine Streifen schneiden und mit Hoisin-Sauce vermischen. Mit Salz und Pfeffer abschmecken. In vier Portionen aufteilen. Einen Topf mit Öl auf dem Herd erhitzen. (Maximal halb gefüllt, weil das Öl aufwallt, wenn das Frittiergut reinkommt.)

3 Aufgetaute Frühlingsrollenblätter auf die Arbeitsfläche legen. Eigelb in einem Schüsselchen mit 1 EL kaltem Wasser verquirlen. Teigränder damit bestreichen. Jeweils 1 Portion Entenfleisch auf jedes Teigblatt geben. Die seitlichen Ränder zur Mitte über die Füllung klappen und ebenfalls mit Ei bestreichen. Alle Teigblätter zusammenrollen. Frühlingsrollen im 160 °C heißen Öl in 3–4 Minuten goldbraun ausbacken. (Das Öl ist heiß genug, wenn sich an einem Holzspießchen kleine Bläschen bilden.) Frühlingsrollen aus dem Öl nehmen, auf Küchenpapier entfetten. Mit dem marinierten Rotkohl anrichten, die Wasabicreme getrennt dazu reichen.

Kochen für Freunde macht Spaß und kann ganz schnell gehen, wenn das Menü gut geplant ist. Und beim Schnippeln können die Gäste auch helfen.

>> Ein alter Bekannter aus meiner Kindheit. Er kam damals allerdings gern in der Aluschale aus der Küche – das kennen sicher einige andere auch noch. Schmeckt aber auf meine Art natürlich besser. Wenn es mal keinen Seelachs gibt, eignet sich auch Kabeljau.

Seelachsfilet à la Bordelaise

für 4 Personen

3 Schalotten
2 Knoblauchzehen
50 g getrocknete Tomaten
   in Öl
150 g Butter
2 TL getrockneter Estragon
100 g Panko-Brösel
Salz, Pfeffer
400 g junger Blattspinat
1 rote Zwiebel
4 Tomaten
4 Seelachsfilets (à 200 g)
3 EL Sonnenblumenöl
etwas Zitronensaft

Zubereitungszeit:
35 Minuten +
10-15 Minuten backen

1 Schalotten und Knoblauch schälen und fein würfeln. Getrocknete Tomaten abtropfen lassen und fein würfeln. Butter in einem Topf erhitzen, Schalotten und Knoblauch darin bei milder Hitze glasig dünsten. Tomatenwürfel, Estragon und Panko-Brösel untermischen. Vom Herd nehmen, leicht salzen und pfeffern. Backofen auf 200 °C (Umluft 180 °C) vorheizen. Ein Backblech einfetten.

2 Blattspinat waschen, verlesen und trocken schleudern. Zwiebel schälen, halbieren und in feine Streifen schneiden. Tomaten waschen und in Scheiben schneiden, dabei den Stielansatz entfernen. Seelachsfilets trocken tupfen, auf das Backblech legen und die Bröselmischung darauf verteilen. Backblech auf die mittlere Schiene in den heißen Ofen schieben und Seelachs in etwa 15 Minuten goldbraun überbacken.

3 Inzwischen Öl in einem Topf erhitzen und Zwiebelstreifen darin andünsten. Den Spinat dazugeben, den Deckel auflegen und den Spinat 2 Minuten dünsten, bis er zusammengefallen ist. Mit Salz, Pfeffer und Zitronensaft abschmecken. Fisch mit dem Spinat und den Tomatenscheiben anrichten.

> Dieses Gericht eignet sich hervorragend für eine Essenseinladung mit guten Freunden. Die Vorbereitungszeit ist überschaubar, und während die Forelle im Ofen vor sich hin gart, könnt ihr euch mit einem Drink in aller Ruhe euren Gästen widmen.

Forelle aus dem Ofen mit Meerrettichdip

für 4 Personen

4 Forellen (à 300 g, küchenfertig)
Salz, Pfeffer
2 Bio-Zitronen
8 Zweige Thymian
4 Zweige Rosmarin
12 Scheiben durchwachsener Speck
500 g festkochende Kartoffeln
300 g Rote Bete
5 EL Sonnenblumenöl
4 Knoblauchzehen
4 EL kalte Butter
250 g Crème fraîche
3 EL Mayonnaise
3 EL Meerrettich
3 EL Schnittlauchröllchen

Zubereitungszeit: 45 Minuten

1 Forellen innen und außen gründlich waschen und trocken tupfen. Innen mit Salz und Pfeffer würzen. Zitronen heiß abwaschen und in dünne Scheiben schneiden. Thymian und Rosmarin waschen, trocken schütteln. Je 4 Zitronenscheiben und je 1 Zweig Rosmarin und Thymian in die Bauchhöhlen jeder Forelle stecken. Die Fische mit je 3 Speckscheiben umwickeln. Backofen auf 220 °C (Umluft 200 °C) vorheizen.

2 Kartoffeln und Rote Bete schälen und in dünne Scheiben hobeln. Ein Backblech mit Öl auspinseln. Kartoffel- und Rote-Bete-Scheiben schuppenartig auf der Hälfte des Blechs auslegen. Mit Salz und Pfeffer würzen. Umwickelte Forellen auf die andere Hälfte des Blechs legen. Knoblauchzehen mit dem Messer flach drücken, Nadeln von den restlichen Rosmarinzweigen streifen. Restliche Zitronenscheiben in Stücke schneiden. Alles über Forellen und Gemüse verteilen. Die Butter in kleinen Flöckchen daraufgeben. Das Blech in den heißen Backofen schieben und alles auf der mittleren Schiene 30 Minuten garen.

3 In einer Schüssel Crème fraîche, Mayonnaise, Meerrettich und Schnittlauch verrühren. Die Forellen und das Gemüse aus dem Ofen nehmen. Den Fisch mit dem Gemüse auf Tellern anrichten und den Meerrettichdip dazu servieren.

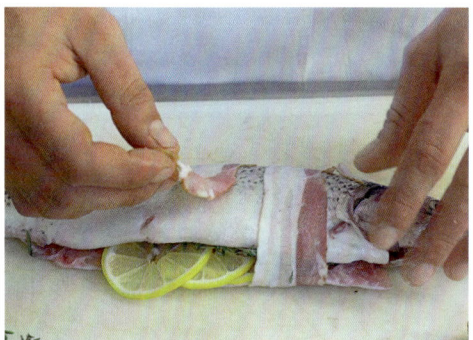

>> Sesam und Sellerie passen super zusammen! Wichtig ist, die Suppe kurz vor dem Servieren mit einem Stabmixer richtig aufzuschäumen. Und ein Klecks geschlagener Sahne macht die Suppe richtig luftig.

Sellerie-Sesam-Suppe mit knusprigen Chilischoten

für 4 Personen

200 g Knollensellerie
1 kleine Zwiebel
120 g Butter
1 EL helle Sesamsamen
1 EL Zucker
1 EL Salz
5 EL roter Portwein
5 EL Weißwein
350 ml Gemüsefond
150 g Sahne
½ EL dunkles Sesamöl
½ EL Sesampaste (Tahina)
Öl zum Frittieren
1 Ei, Größe M
2 EL Mehl
30 g Panko-Brösel
2 grüne Chilischoten
je 1 TL helle und dunkle
  Sesamsamen

**Zubereitungszeit:
30 Minuten**

1 Sellerie und Zwiebel schälen, fein würfeln. 50 g Butter in einem Topf erhitzen. Sellerie und Zwiebel darin 3 Minuten andünsten. Sesamsamen dazugeben und kurz mitdünsten. Zucker und Salz hinzufügen. Mit Portwein und Weißwein ablöschen. Mit Gemüsefond auffüllen und etwa 25–30 Minuten garen. Restliche Butter (70 g) in einer Pfanne schmelzen und bei mittlerer Hitze braun werden lassen. Sahne, Sesamöl und Sesampaste in die Suppe geben und alles aufkochen lassen. Vom Herd ziehen. Sesam-Butter-Mischung dazugeben, alles mit dem Stabmixer pürieren und durch ein feines Sieb streichen. Warm halten.

2 Öl zum Frittieren der Chilischoten in einem Topf erhitzen. Das Ei verquirlen. Mehl und Panko-Brösel auf je einen Teller geben. Chilischoten waschen, längs halbieren, entkernen und längs in feine Streifen schneiden. Chilistreifen im Mehl wenden, überschüssiges Mehl abklopfen, durch das verquirlte Ei ziehen und mit den Panko-Bröseln panieren. Im heißen Öl knusprig frittieren und dann auf Küchenpapier abtropfen lassen. Kurz vor dem Servieren die Suppe mit dem Stabmixer schaumig rühren und mit den knusprigen Chilischoten anrichten. Mit den Sesamsamen bestreuen.

Papaya-Salsa

für 4 Personen: 300 g Papaya // 40 g Schalotten // 1 kleine grüne Chilischote // 1 TL grüner Pfeffer // 4 EL Limettensaft // Salz // rote Chiliringe (nach Geschmack)

Zubereitungszeit: 15 Minuten

Papaya schälen und Kerne mit einem Löffel entfernen, dabei 1 TL der Kerne aufbewahren. Das Fruchtfleisch in feine Würfel schneiden. Schalotten schälen und fein würfeln. Chilischote waschen, längs halbieren, entkernen und fein hacken. Grünen Pfeffer abtropfen lassen und grob hacken. Alle vorbereiteten Zutaten mit den Papayakernen und Limettensaft vermischen und mit Salz würzen. Wer es richtig scharf mag, garniert die Salsa noch mit ein paar Chiliringen. Schmeckt besonders lecker zu Garnelen und anderen Krustentieren.

Scharfer Avocadodip

für 4 Personen: 1 kleine Chilischote // 2 reife Avocados // 5 EL Zitronensaft // 1 TL scharfe Chilisauce (Sriracha) // 5 EL Crème fraîche // Salz, Pfeffer

Zubereitungszeit: 10 Minuten

Die Chilischote waschen, längs halbieren, entkernen und fein hacken. Die Avocados halbieren, entkernen, schälen und in Stücke schneiden. Die Avocadostücke durch ein feines Sieb streichen und mit der Chilischote und den restlichen Zutaten verrühren. Mit Salz und Pfeffer abschmecken. Passt gut zu Frittiertem, gebratenem Fisch und zu Steak.

Hensslers Cocktailsauce

für 4–6 Personen: 3 Eigelb // 300 ml Sonnenblumenöl // 3 EL mittelscharfer Senf // 100 g Tomatenketchup // 1 EL Zitronensaft // Saft von ½ Orange // 2 EL Weinbrand // 1 EL frisch geriebener Meerrettich // 50 g Crème fraîche // 50 g Sahnejoghurt (10% Fettgehalt) // 1 TL Salz // 1 TL Worcestersauce // ½ TL scharfe Chilisauce (Sriracha) // 100 g Tomaten, abgezogen, entkernt und fein gewürfelt // 2 EL kleingezupfte, geröstete Nori-Blätter

Zubereitungszeit: 20 Minuten

Zimmerwarme Eigelbe in eine Rührschüssel geben und 3 Minuten mit dem Schneebesen schaumig schlagen. Öl zuerst tropfenweise, dann in einem dünnen Strahl dazugießen und dabei weiterrühren. So lange rühren, bis eine cremige Mayonnaise entstanden ist. Die restlichen Zutaten (bis auf die Nori-Blätter) nach und nach zugeben und unterrühren. In Portionsschälchen verteilen und mit den Nori-Blättern bestreuen. Unverzichtbar zu allem Gebackenen, Sushi und rohem Gemüse.

Salsa Verde

für 4 Personen: 1 große Knoblauchzehe // 1 kleine grüne Chilischote // 400 g Salatgurke // 1 Bund Petersilie oder Koriandergrün // 1½ EL Salz // 1 TL frisch gemahlener schwarzer Pfeffer // 6 EL Limettensaft // 100 ml Olivenöl // helle Sesamsamen (nach Belieben)

Zubereitungszeit: 15 Minuten

Knoblauchzehe schälen und klein schneiden. Chilischote waschen, längs halbieren, entkernen und klein schneiden. Salatgurke schälen und klein schneiden. Petersilie oder Koriandergrün waschen, trocken schütteln, die Blätter abzupfen und grob hacken. Alle vorbereiteten Zutaten mit Salz, Pfeffer und Limettensaft in der Küchenmaschine oder mit dem Stabmixer in einem hohen Gefäß mittelfein pürieren. Zum Schluss das Olivenöl dazugeben. Prima zu gegrilltem Fisch oder hellem, kurz gebratenem Fleisch. Vor dem Servieren nach Belieben mit hellen Sesamsamen bestreuen.

>> Ich habe Rösti immer am liebsten aus rohen Kartoffeln. Das geht schnell, und sie werden immer schön kross. Ihr dürft sie aber nicht zu dick machen, sonst habt ihr nachher einen labberigen Fladen auf dem Teller.

Entenbrust mit Feigen und Kartoffelrösti

für 4 Personen
500 ml Rotwein
4 EL Sojasauce
7 EL Zucker
3 Sternanis
5 cm Zimtstange
10 schwarze Pfefferkörner
½ TL grobes Meersalz
4 Entenbrüste, mit Haut, ohne Knochen (à 250 g)
8 reife Feigen

**Zubereitungszeit:
50 Minuten**

1 Rotwein, Sojasauce und den Zucker in einem Topf aufkochen. Auf ein Viertel der Flüssigkeit einkochen. Sternanis, Zimtstange, Pfefferkörner und Meersalz im Mörser fein zerstoßen. Die Haut der Entenbrüste mit einem Messer rautenartig einritzen. Dabei nicht zu tief ins Fleisch schneiden. Entenbrüste rundherum mit der Gewürzmischung einreiben. Auf der Hautseite in eine kalte, ofentaugliche Pfanne legen und goldbraun anbraten, das dauert etwa 15 Minuten. Backofen auf 180 °C Ober-/Unterhitze vorheizen. Die Entenbrüste wenden und weitere 2 Minuten braten. Fett braucht man nicht, beim Anbraten tritt genug Entenfett aus.

2 Entenbrüste mit der Pfanne in den heißen Ofen schieben. Auf der mittleren Schiene 8–10 Minuten garen. In der Zwischenzeit Feigen putzen, halbieren und bei milder Hitze in der Rotweinsauce erwärmen. Entenbrüste aus dem Ofen nehmen, auf einem Schneidbrett kurz ruhen lassen. Dann in Scheiben schneiden, mit den Feigen und der Sauce zu den Rösti (Seite 84) anrichten.

>> Meine Shooter sind kleine Geschmacksbomben, die in Erinnerung bleiben – einfach das perfekte Partyfood. Sie kommen aber auch als Vorspeise gut an. Wenn man von dem Kartoffel-Shooter-Rezept gleich mehr macht, gibt es am nächsten Tag eine leckere Kartoffelsuppe.

Kartoffel-Shooter

für 4 Personen
150 g Zwiebeln
300 g Kartoffeln
8 Stängel Schnittlauch
125 g Butter
1 EL Salz
1 EL Zucker
50 ml weißer Portwein
50 ml Weißwein
500 ml Gemüsefond
250 g Sahne
Pfeffer
4 Zweige Rosmarin
1 EL Sonnenblumenöl

**Zubereitungszeit:
30 Minuten**

1 Zwiebeln schälen und fein würfeln. Kartoffeln schälen und in etwa 2 cm große Würfel schneiden, 4 davon in ein Schälchen Wasser legen und abgedeckt beiseitestellen. Schnittlauch in feine Röllchen schneiden. Butter in einem Topf erhitzen, Kartoffel- und Zwiebelwürfel darin 3–4 Minuten andünsten. Salz und Zucker dazugeben, alles gut umrühren. Mit Portwein und Weißwein ablöschen, mit dem Gemüsefond auffüllen und zugedeckt 20–25 Minuten bei mittlerer Hitze weich garen.

2 Sahne zur Suppe geben, alles noch einmal aufkochen und vom Herd nehmen. Mit dem Stabmixer pürieren, durch ein feines Sieb streichen und die Suppe mit Salz und Pfeffer abschmecken. Auf kleine Gläser verteilen. Die 4 Kartoffelwürfel gründlich trocken tupfen. Rosmarinzweige am Stiel mit dem Messer anspitzen und je 1 Kartoffelwürfel aufspießen. Öl in einer Pfanne erhitzen. Kartoffelspieße etwa 3–4 Minuten von allen Seiten anbraten. Die Shooter mit Schnittlauchröllchen bestreuen und mit den Kartoffelspießen servieren.

≫ Der perfekte Shooter für eine Sommerparty. Dazu der ultimative Tipp für Nicht-Vegetarier: Als kräftige Einlage kommen kleine Stückchen Parmaschinken ganz besonders gut.

Wassermelonen-Shooter

für 4 Personen: 600 g Wassermelone, geschält und entkernt // ½ TL Salz // 4 EL Zitronensaft // 1 TL scharfe Chilisauce (Sriracha) // 3 EL Wodka // 4 EL Mineralwasser mit Kohlensäure // Pfeffer // 4 Minzespitzen

Zubereitungszeit: 15 Minuten

1 Aus dem Melonenfruchtfleisch 4 etwa 3 cm große Würfel schneiden. Das restliche Fruchtfleisch mit einem großen Messer grob zerkleinern und mit dem Salz, dem Zitronensaft, der Chilisauce, dem Wodka und dem Mineralwasser im Mixer oder mit dem Stabmixer in einer Schüssel fein pürieren. Mit Pfeffer abschmecken.

2 Eine Grillpfanne erhitzen und die 4 Melonenwürfel darin kurz von allen Seiten grillen. Die Shooter mit den gegrillten Melonenwürfeln und den Minzespitzen anrichten.

≫ Bei diesem Shooter ist es ganz wichtig, nur vollreife Tomaten zu verwenden. Mit blassen Supermarkt-Tomaten schmeckt er nicht. Beim Braten des Spießchens aufpassen, dass es nicht zu lange brät. Die Tomate sollte innen kalt bleiben.

Tomaten-Shooter

für 4 Personen: 2 kg Strauchtomaten // ½ Chilischote // 1 EL Salz // 1 EL Zucker // 4 Kirschtomaten // 4 Scheiben Bacon // Pfeffer // 2 EL Olivenöl

Zubereitungszeit: 20 Minuten + 6 Stunden Abtropfen

1 Die Tomaten waschen und die Stielansätze entfernen. Die Früchte grob zerkleinern und im Mixer oder mit dem Stabmixer in einer Schüssel pürieren. Ein Mulltuch in ein Sieb legen, das Sieb auf eine Schüssel setzen das Tomatenpüree hineinschütten. 6–8 Stunden abtropfen lassen.

2 Die Chilischote waschen, entkernen und fein hacken. Den abgetropften Tomatensaft mit der Chilischote in einen Topf geben und aufkochen. Die Flüssigkeit auf die Hälfte einkochen lassen. Mit Salz und Zucker abschmecken. Die Kirschtomaten jeweils mit 1 Scheibe Bacon umwickeln, mit einem Zahnstocher feststecken und mit dem Pfeffer würzen. Das Olivenöl in einer Pfanne erhitzen und die Bacon-Tomaten darin 2 Minuten bei mittlerer Hitze von allen Seiten anbraten. Den Tomaten-Shooter zusammen mit den Tomatenspießchen anrichten.

>> Wer das volle Zitronengrasaroma im Shooter haben will, muss einen Zitronengrasstängel richtig mit dem Messergriff platt klopfen und für 15 Minuten in der durchpassierten Suppe ziehen lassen. Danach die Flüssigkeit in die Gläser gießen.

Zitronengras-Shooter

für 4 Personen: 250 g Zwiebeln // 8 Stängel Zitronengras // 1 Bio-Zitrone // 80 g Butter // 1 EL Zucker // 1 EL Salz // 60 ml Sake // 60 ml Mirin // 300 ml Geflügelfond // 150 g Sahne // 4 Scheiben von 1 Zitrone

Zubereitungszeit: 20 Minuten

1 Die Zwiebeln schälen und würfeln. Die Zitronengrasstängel waschen und putzen. Die Hälfte davon klein schneiden. Die Zitrone heiß abwaschen, die Schale fein abreiben und den Saft auspressen. Die Butter in einem Topf erhitzen und die Zwiebeln darin andünsten. Zucker, Salz und geschnittenes Zitronengras dazugeben und alles 2–3 Minuten dünsten. Mit Zitronensaft, Sake und Mirin ablöschen. Mit dem Geflügelfond auffüllen und 10 Minuten bei mittlerer Hitze kochen lassen.

2 Die Sahne zur Suppe geben und weitere 5 Minuten kochen lassen. Alles mit dem Stabmixer pürieren und durch ein feines Sieb streichen. Die Zitronenschale kurz vor dem Servieren untermischen. In Gläser füllen, mit den Zitronenscheiben und den restlichen 4 Zitronengrasstängeln garnieren.

>> Diesem Shooter könnt ihr, bei Zeit und Lust, noch einen ganz besonderen Kick verpassen: Dem Gemüse vor dem Mixen einfach in einer heißen Grillpfanne etwas Zunder geben. Wenn das Gemüse leichte Grillspuren hat, kommt es in den Mixer. Dadurch erhält der Shooter ein rauchiges Aroma. Ich mag das besonders gern.

Gazpacho-Shooter

für 4 Personen: 500 g Tomaten // 300 g Bio-Salatgurke // 100 g rote Paprikaschote // 100 g gelbe Paprikaschote // 1 kleine rote Chilischote // 1 kleine Knoblauchzehe // 100 g rote Zwiebeln // 6 EL Balsamico // 7 EL Olivenöl // Salz, Pfeffer

Zubereitungszeit: 15 Minuten + 30 Minuten Kühlen

1 Tomaten, Gurke und Paprikaschoten waschen, entkernen, Stielansätze entfernen und in Stücke schneiden. Chilischote waschen, längs halbieren, entkernen und in feine Streifen schneiden. Knoblauchzehe schälen und fein würfeln. Zwiebeln schälen und in Spalten schneiden. Je 1 Stück Zwiebel, 1 Stück gelbe und 1 Stück rote Paprikaschote auf einen Zahnstocher stecken.

2 Das gesamte restliche Gemüse mit dem Stabmixer fein pürieren. Balsamico-Essig und 6 EL Olivenöl dazugeben und kurz untermixen. Gemüsepüree durch ein feines Sieb streichen und mit Salz und Pfeffer kräftig abschmecken. Die fertige Gazpacho mindestens 30 Minuten kalt stellen. Restliches Olivenöl (1 EL) in einer Pfanne erhitzen und die Gemüsespießchen darin 2–3 Minuten anbraten. Die Gazpacho mit den Gemüsespießen servieren.

>> Macht fit und belebt. Gerade richtig für den Frühsommer. Wem die Schärfe der Radieschen nicht ausreicht – einfach etwas gehackte Chilischote unter die Milch mischen.

Radieschen-Shooter

für 4 Personen: 1 Stängel glatte Petersilie // 180 g Radieschen // 50 ml kalte Milch // 90 g Crème fraîche // 60 ml kaltes Mineralwasser mit Kohlensäure // 1 Bio-Zitrone // Salz, Pfeffer

Zubereitungszeit: 10 Minuten

1 Die Petersilie waschen und trocken schütteln. Die Blätter abzupfen. Die Radieschen waschen, 1 Radieschen in 4 Scheiben schneiden, den Rest fein reiben. Die Milch mit der Crème fraîche und dem Mineralwasser mit einem Handmixer verrühren.

2 Die Zitrone heiß abwaschen und die Hälfte der Schale fein abreiben. Den Saft auspressen. Saft und die abgeriebene Schale zur Milchmischung geben. Die Zitronenmilch mit Salz und Pfeffer abschmecken. Die geriebenen Radieschen untermischen. In kleine Gläser gießen und mit den Petersilienblättern und je 1 Radieschenscheibe garnieren.

>> Zu diesem Shooter würde alternativ auch ein scharf gewürztes Lachstatar passen, wenn ihr keine frischen Jakobsmuscheln bekommen könnt.

Passionsfrucht-Shooter mit Jakobsmuscheltatar

für 4 Personen: 8 Passionsfrüchte (Maracujas) // Saft von 3 Orangen // 1 EL Puderzucker // 3 EL Crème fraîche // 1 Blatt Frühlingsrollen-teig (20 × 20 cm) // 80 ml Sonnenblumenöl // 4 Jakobsmuscheln // Salz, Pfeffer // 1 EL Limettensaft // ½ Bund Schnittlauch

Zubereitungszeit: 25 Minuten

1 Die Passionsfrüchte halbieren und das Frucht-fleisch mit einem Teelöffel herauslösen. Das Fruchtfleisch und den Orangensaft mit dem Stabmixer pürieren. Das Fruchtpüree durch ein Sieb in eine Schüssel streichen. Mit dem Puder-zucker und der Crème fraîche verrühren. Den Shooter auf vier Gläser verteilen. Den Früh-lingsrollenteig vierteln. Das Sonnenblumenöl in einer Pfanne erhitzen und die Frühlingsrollen-blätter darin knusprig ausbacken. Auf Küchen-papier abtropfen lassen.

2 Die Jakobsmuscheln trocken tupfen, sehr fein hacken und mit Salz, Pfeffer und dem Limetten-saft würzen. Den Schnittlauch in feine Röllchen schneiden und untermischen. Das Jakobs-muscheltatar auf die gebackenen Frühlings-rollenblätter geben und zusammen mit dem Passionsfrucht-Shooter servieren.

≫ Ich liebe Schweinebauch. Der ist sicherlich nicht gerade fettarm, aber ein knuspriger Schweinebauch wie in diesem Rezept ist eine Alternative zum gewohnten Gänsebraten an Weihnachten. Müsst ihr dringend mal ausprobieren!

Knuspriger Schweinebauch aus dem Ofen mit Krautsalat

für 4–6 Personen

1,2 kg Schweinebauch, mit
   Schwarte, ohne Knochen
1 Sternanis
2 cm Zimtstange
1 TL schwarze Pfefferkörner
½ TL Oregano
1 getrocknete Chilischote
1 TL grobes Meersalz
½ TL Koriandersamen
8 EL Sonnenblumenöl
1 Bio-Orange
1 EL Kreuzkümmelsamen
1 kleiner Spitzkohl
   (etwa 700 g)
2 EL Weißweinessig
Salz, Pfeffer
500 ml Gemüsefond
1 TL Honig
3 EL Sojasauce
1 EL dunkles Sesamöl

Zubereitungszeit:
30 Minuten + 3 Stunden
Braten

1 Backofen auf 180 °C Ober-/Unterhitze vorheizen. Schwarte des Schweinebauchs mit einem scharfen Messer rautenförmig einschneiden. Alle Gewürze in einem Mörser zerstoßen. Das Fleisch zuerst mit 2 EL Öl und dann mit den Gewürzen einreiben. Mit der Schwartenseite nach unten in einen ofenfesten Bräter legen. Bräter bei großer Hitze auf dem Herd erhitzen und den Schweinebauch von allen Seiten kräftig anbraten. Mit der Schwartenseite nach unten im Bräter in den Backofen schieben und 1,5 Stunden garen.

2 Inzwischen die Orange heiß abspülen und von der Schale 1 EL abreiben. Vom Saft 6 EL auspressen. Kreuzkümmel in einer Pfanne ohne Fett anrösten. Spitzkohl waschen, vierteln und den Strunk entfernen. Kohlviertel in dünne Streifen schneiden. Essig, Orangensaft, Orangenschale, Salz, Pfeffer, restliches Öl (6 EL), Spitzkohlstreifen und Kreuzkümmel in einer Schüssel mischen. Den Krautsalat abgedeckt 1–1,5 Stunden durchziehen lassen.

3 Hitze des Backofens auf 160 °C Ober-/Unterhitze reduzieren, den Schweinebauch wenden. Fond, Honig, Sojasauce und Sesamöl in den Bräter geben. Weitere 1,5 Stunden im Ofen garen. Ist die Flüssigkeit im Bräter verdampft, noch etwas Wasser nachgießen. (Bier geht natürlich auch.) Den fertigen Braten aus dem Bräter nehmen. Das Fleisch 10 Minuten ruhen lassen und in Scheiben schneiden. Den Krautsalat noch einmal mit Salz und Pfeffer abschmecken und zum Schweinebraten servieren.

Chili-Hähnchenkeulen mit Bratkartoffeln

für 4 Personen
4 Hähnchenkeulen
3 EL Tomatenketchup
3 EL süße Chilisauce
   (Seite 232)
6 EL Sojasauce
Cayennepfeffer
1 TL Sambal oelek
Salz, Pfeffer
Öl für das Blech
600 g gekochte Kartoffeln
   (vom Vortag)
3 Stangen Staudensellerie
300 g Möhren
8 Stängel Koriandergrün
3 EL Sonnenblumenöl
½ TL Fünf-Gewürze-Pulver

Zubereitungszeit:
60 Minuten

1 Backofen auf 200 °C Ober-/Unterhitze (Umluft 180 °C) vorheizen. Ein tiefes Backblech einölen. Hähnchenkeulen waschen und trocken tupfen. Für die Marinade Tomatenketchup, Chilisauce, 3 EL Sojasauce, Cayennepfeffer und Sambal oelek miteinander in einem Schüsselchen verrühren. Kräftig mit Salz und Pfeffer würzen. Die Keulen dünn mit der Marinade bestreichen und mit der Hautseite nach unten auf das Backblech setzen. Auf die zweite Schiene von unten in den heißen Ofen schieben und die Keulen 20 Minuten garen. Blech herausnehmen, Keulen wenden, die Oberseite mit der restlichen Marinade bestreichen. Wieder in den Ofen schieben, weitere 25 Minuten garen. Sollten die Keulen zu dunkel werden, mit Alufolie abdecken.

2 Inzwischen die gekochten Kartoffeln pellen und in 1 cm dicke Scheiben schneiden. Sellerie waschen und schräg in 1 cm dicke Scheiben schneiden. Möhren schälen und schräg in etwa 5 mm dünne Scheiben schneiden. Koriander waschen, trocken schütteln und grob hacken. Öl in einer großen Pfanne erhitzen. Kartoffeln darin bei mittlerer Hitze rundherum knusprig braten. Dabei nicht rühren, sondern die Kartoffeln nur vorsichtig wenden. Nach etwa 10 Minuten die Möhren- und die Selleriescheiben dazugeben. Unter Wenden 10 Minuten mitbraten. Mit Salz, Pfeffer und Fünf-Gewürze-Pulver würzen. Kurz vor dem Servieren den Koriander untermischen.

3 Hähnchenkeulen aus dem Ofen und vom Blech nehmen. Den Bratensatz mit 75 ml Wasser und der restlichen Sojasauce (3 EL) ablöschen und mit einem Holzlöffel lösen. Alles in einen Topf abgießen, einmal aufkochen, dann durch ein feines Sieb streichen. Die Hähnchenkeulen mit den Bratkartoffeln und der Sauce anrichten und sofort servieren.

» Ich liebe Suppen. Besonders, wenn sie eine leichte Schärfe haben. Als Variante mit etwas Kokosmilch verfeinert, schmeckt das Ganze noch ein bisschen exotischer.

Süßkartoffel-Chili-Suppe mit Zucchinispießen

für 4 Personen
250 g Süßkartoffeln
1 Zwiebel
1 rote Chilischote
50 g Butter
1 TL Zucker
1 TL Salz
40 ml Madeira (Süßwein)
40 ml roter Portwein
1 EL Weißweinessig
350 ml Geflügelfond
250 g Sahne
2 Zucchini
Pfeffer
Sonnenblumenöl

Zubereitungszeit:
30 Minuten

1 Süßkartoffeln und Zwiebel schälen und fein würfeln. Chilischote waschen, entkernen und in feine Streifen schneiden. Butter in einem Topf erhitzen. Süßkartoffel- und Zwiebelwürfel darin 2–3 Minuten andünsten. Zucker, Salz und Chilistreifen dazugeben und kurz mitdünsten. Mit Madeira, Portwein und Essig ablöschen. Geflügelfond dazugeben und die Süßkartoffeln bei milder Hitze in etwa 15–20 Minuten weich kochen. Sahne dazugeben und noch einmal aufkochen. Suppe mit dem Stabmixer fein pürieren, durch ein feines Sieb streichen und warm halten.

2 Zucchini waschen, der Länge nach vierteln, entkernen und die Stücke quer halbieren. Je 4 Stücke Zucchini auf je 2 Holzspieße stecken und mit Salz und Pfeffer rundherum würzen. Öl in einer großen Pfanne erhitzen und die Spieße darin von allen Seiten goldbraun braten. Die Suppe wieder erhitzen und kurz vor dem Servieren noch einmal aufmixen. Mit den Zucchinispießen anrichten.

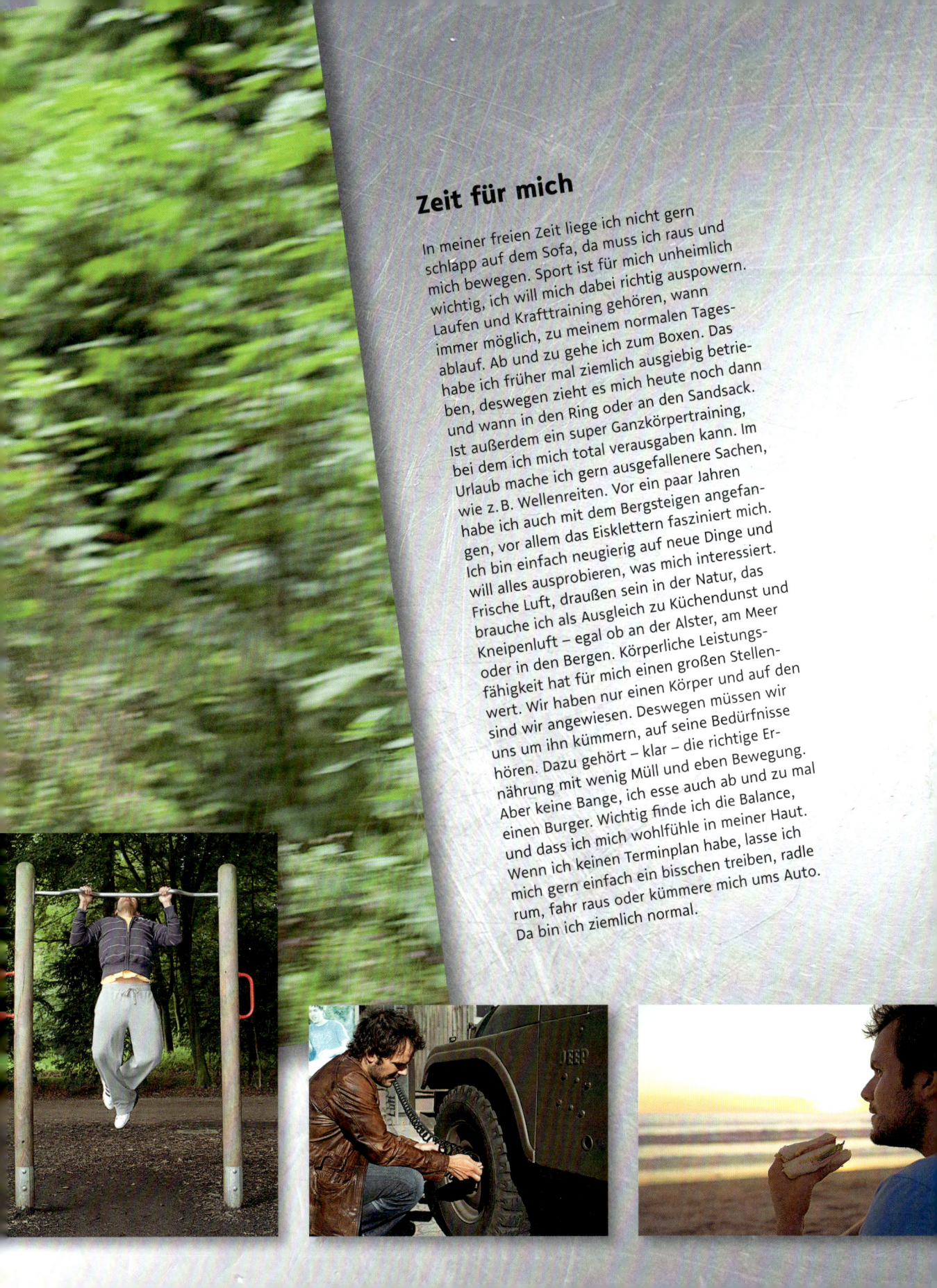

Zeit für mich

In meiner freien Zeit liege ich nicht gern schlapp auf dem Sofa, da muss ich raus und mich bewegen. Sport ist für mich unheimlich wichtig, ich will mich dabei richtig auspowern. Laufen und Krafttraining gehören, wann immer möglich, zu meinem normalen Tagesablauf. Ab und zu gehe ich zum Boxen. Das habe ich früher mal ziemlich ausgiebig betrieben, deswegen zieht es mich heute noch dann und wann in den Ring oder an den Sandsack. Ist außerdem ein super Ganzkörpertraining, bei dem ich mich total verausgaben kann. Im Urlaub mache ich gern ausgefallenere Sachen, wie z. B. Wellenreiten. Vor ein paar Jahren habe ich auch mit dem Bergsteigen angefangen, vor allem das Eisklettern fasziniert mich. Ich bin einfach neugierig auf neue Dinge und will alles ausprobieren, was mich interessiert. Frische Luft, draußen sein in der Natur, das brauche ich als Ausgleich zu Küchendunst und Kneipenluft – egal ob an der Alster, am Meer oder in den Bergen. Körperliche Leistungsfähigkeit hat für mich einen großen Stellenwert. Wir haben nur einen Körper und auf den sind wir angewiesen. Deswegen müssen wir uns um ihn kümmern, auf seine Bedürfnisse hören. Dazu gehört – klar – die richtige Ernährung mit wenig Müll und eben Bewegung. Aber keine Bange, ich esse auch ab und zu mal einen Burger. Wichtig finde ich die Balance, und dass ich mich wohlfühle in meiner Haut. Wenn ich keinen Terminplan habe, lasse ich mich gern einfach ein bisschen treiben, radle rum, fahr raus oder kümmere mich ums Auto. Da bin ich ziemlich normal.

» Bei der hellen Buttersauce, klassisch Beurre blanc genannt, müsst ihr mit dem Szechuan-Pfeffer aufpassen. Lieber erst etwas weniger nehmen, denn die Butter schmeckt mit der Zeit immer intensiver danach.

Zanderfilets mit Auberginentatar, Süßkartoffelpüree und Buttersauce

für 4 Personen

1 Aubergine
500 g Süßkartoffeln
Salz
1 Knoblauchzehe
2 Stängel Zitronengras
200 ml Kokosmilch
1 TL Szechuan-Pfefferkörner
1 Schalotte
3 EL Weißwein
Pfeffer
2 EL schwarzer Reisessig
2 EL gehackte Petersilie
100 g sehr kalte Butter, in Würfeln
4 Stück Zanderfilet mit Haut (à etwa 180 g)
3 EL Mehl
3 EL Sonnenblumenöl
1 EL Butter

**Zubereitungszeit:
45 Minuten**

1 Backofen auf 200 °C Ober-/Unterhitze vorheizen. Aubergine waschen, trocken tupfen, die Enden abschneiden und längs vierteln. Auf den Rost legen und auf der unteren Schiene etwa 35 Minuten backen. Süßkartoffeln schälen und grob würfeln, in einen Topf geben und mit Salzwasser bedecken. Die ungeschälte Knoblauchzehe dazugeben. Zugedeckt aufkochen und bei mittlerer Hitze 20 Minuten garen.

2 Zitronengras flach klopfen und in grobe Stücke schneiden. Mit Kokosmilch in einen Topf geben, aufkochen und bei mittlerer Hitze auf die Hälfte einkochen. Szechuan-Pfeffer fein mörsern. Schalotte schälen, fein würfeln und mit dem Weißwein in einem kleinen Topf aufkochen. Fast vollständig einkochen, abkühlen lassen.

3 Die gebackenen Auberginen häuten und fein würfeln. Mit Salz, Pfeffer und Essig würzen. Gehackte Petersilie untermengen. Die gegarten Süßkartoffeln fein zerstampfen. Kokosmilch durch ein Sieb zum Püree gießen, gut unterrühren. Alles warm halten. Nach und nach die kalte Butter mit dem Schneebesen unter die Schalotten-Weißwein-Mischung rühren und dabei auf dem Herd leicht erwärmen. Mit Salz und dem Szechuan-Pfeffer würzen.

4 Die Haut der Zanderfilets ein paarmal mit dem Messer leicht einschneiden. Mehl auf einen Teller geben, Zanderfilets darin wenden. Öl in einer großen beschichteten Pfanne erhitzen und die Fischfilets auf jeder Seite bei mittlerer Hitze 3–4 Minuten knusprig braten. Butter dazugeben und weitere 2 Minuten braten. Mit Süßkartoffelpüree, Auberginentatar und Szechuan-Buttersauce anrichten.

>> Die Schwiegereltern drohen mit Besuch? Mit diesem Kalbs-koteletts kann jeder glänzen. Ein ordentliches Stück Fleisch, saftiges Gemüse und das Wichtigste: die Senfmayo! Beim Anrühren mit dem Senf aufpassen: Nur so viel dazugeben, dass die Schärfe dezent bleibt.

Kalbskoteletts mit Senfmayonnaise und Bratkartoffeln

für 4 Personen

400 g kleine festkochende
   Kartoffeln
Salz
300 g Pfifferlinge
300 g grüne Bohnen
4 Scheiben Bacon (80 g)
1 Zwiebel
1 Bund Schnittlauch
3 Eigelb
1 EL mittelscharfer Senf
1–2 EL Zitronensaft
300 ml Traubenkernöl
5 EL Crème fraîche
1 EL grobkörniger Senf
1 EL süßer Senf
Pfeffer, Zucker
4 Stielkoteletts vom Kalb
   (à etwa 300 g)
8 EL Sonnenblumenöl
80 g Butter

**Zubereitungszeit:
55 Minuten +
10-15 Minuten Garen**

1 Kartoffeln waschen und in kochendem Salzwasser 20 Minuten garen. Pilze putzen. Kartoffeln abgießen, ausdämpfen lassen, pellen und in etwa 5 mm dicke Scheiben schneiden. Backofen auf 180 °C Ober-/Unterhitze (Umluft 160 °C) vorheizen. Bohnen waschen, putzen, halbieren und in kochendem Salzwasser 8 Minuten garen. Bacon in dünne Streifen schneiden. Zwiebel schälen und in dünne Streifen schneiden. Schnittlauch waschen und in etwa 2 cm lange Stücke schneiden. Die Bohnen in ein Sieb abgießen und kalt abschrecken.

2 Für die Senfmayonnaise in einer Schüssel Eigelbe, mittelscharfen Senf und Zitronensaft mit dem Schneebesen verrühren. Trauben-kernöl erst tropfenweise, dann in dünnem Strahl zügig unterrühren. Crème fraîche, grobkörnigen und süßen Senf unterrühren. Mayon-naise mit Salz, Pfeffer und 1 Prise Zucker abschmecken.

3 Koteletts ringsherum kräftig mit Salz und Pfeffer würzen. Je 1 EL Öl in einer Pfanne erhitzen, jeweils zwei Koteletts darin von beiden Seiten scharf anbraten und anschließend auf ein Backblech legen. Auf die mittlere Schiene in den heißen Ofen schieben und 15–20 Minuten garen. Restliches Öl (6 EL) in einer Pfanne erhitzen und Kartoffelscheiben darin 10–15 Minuten von allen Seiten goldbraun braten. Baconstreifen, Zwiebeln und Pilze dazugeben und 3–4 Minuten mitbraten. Am Schluss Butter, Bohnen und Schnittlauch dazugeben und noch einmal 2 Minuten garen. Die Koteletts aus dem Ofen nehmen und zusammen mit den Bratkartoffeln anrichten. Die Senf-mayonnaise dazu servieren.

>> Superlecker! Habe ich in einem Szenerestaurant in Los Angeles gegessen und gleich auf meine Art umgesetzt. Die leichte Süße der Teriyaki-Sauce gibt den Muscheln den richtigen Pfiff. Wenn es keine Jakobsmuscheln gibt, kann man auch Riesengarnelen für das Gericht verwenden.

Tempura von Jakobsmuscheln mit Teriyaki-Creme

für 4 Personen
2 Eier
150 ml Milch
50 g Mehl
Salz
1 EL Butter
500 ml Sonnenblumenöl
12 Jakobsmuscheln
Pfeffer
50 g Tempura-Mehl
120 g Crème fraîche
30 ml Teriyaki-Sauce
  (Seite 232)
1 EL Mayonnaise
1 EL schwarze Sesamsamen

**Zubereitungszeit:
25 Minuten**

1 Aus Eiern, Milch, Mehl und etwas Salz einen Crêpeteig anrühren. 20 Minuten stehen lassen. Dann etwas Butter in der Pfanne erhitzen und nacheinander vier dünne, helle Crêpes backen. Sonnenblumenöl in einen Topf geben und auf etwa 170 °C erhitzen. (Die Temperatur ist richtig, wenn sich an einem Holzkochlöffel kleine Bläschen bilden.)

2 Alle Jakobsmuscheln senkrecht in drei Teile schneiden, pfeffern und salzen. Tempura-Mehl mit 50 ml kaltem Wasser verrühren. Jakobsmuschelstücke durch den Teig ziehen, im heißen Öl knusprig ausbacken und auf Küchenpapier abtropfen lassen. Crème fraîche mit Teriyaki-Sauce in einem Töpfchen vermengen und erwärmen. Mayonnaise mit den Jakobsmuscheln und Sesamsamen in einer Schüssel vermengen. Die Jakobsmuscheln auf den Crêpes anrichten. Mit der Teriyaki-Creme servieren. Wer mag, kann mit ein paar Tropfen Teriyaki-Sauce und einem Holzstäbchen dekorative Muster zaubern.

Grillen –
draußen & drinnen

Ich liebe Gegrilltes – wie fast alle Männer.
Aber bei Curryspießen mit Pfirsich-Salsa oder
Mangold aus der Folie werden auch die Frauen
schwach. Garantiert! Und an die Vegetarier
wurde auch gedacht: Maiskolben, Mangold,
Klebreis mit Erdnüssen sind super Gerichte,
die jede Grillfete bereichern. Und sogar ein
grillfähiges Dessert gibt es. Fast alle Rezepte
lassen sich sowohl auf dem Freiluftgrill wie
auch in der Küche mithilfe von Backofen und
Grillpfanne zubereiten. Wichtig zu Gegrilltem
sind natürlich leckere Salate. Die Starrolle über-
nimmt dabei der Kartoffelsalat, dem in diesem
Kapitel die 4-er Seite gewidmet ist. Ihr werdet
die tollen Knollen von einer ganz neuen Seite
entdecken. Aber man kann den Kartoffelsalat
auch einfach mal so machen und genießen,
ganz ohne Fleisch.

>> Diese Rippchen kann man auch super zu Hause im Ofen braten und dann zum Picknick mitnehmen. Wenn man sie auf dem Grill zubereitet – aufpassen, dass sie nicht zu dunkel werden. Der Krautsalat mit den Granatapfelkernen macht ein richtiges Festessen daraus.

Schweinerippchen mit Granatapfel-Curry-Krautsalat

für 4 Personen
5 cm Ingwerwurzel (30 g)
3 Zwiebeln
4 Knoblauchzehen
100 g Honig
200 g Hoisin-Sauce
60 ml Apfelessig
60 ml Sojasauce
1 TL Salz
2 kg Schweinerippchen

Zubereitungszeit:
35 Minuten + 6 Stunden
Marinieren

GRANATAPFEL-CURRY-
KRAUTSALAT
4 EL leichte Salatmayonnaise
1 TL grobkörniger Senf
2 TL Currypulver, Schärfe
    nach Geschmack
1 EL Rapsöl
125 g Sahnejoghurt
Saft von 1 Limette
Salz, Pfeffer, Zucker
1 kleiner Weißkohl
    (etwa 600 g)
2 Möhren
1 rote Zwiebel
6 EL Granatapfelkerne

Zubereitungszeit:
20 Minuten + 30 Minuten
Marinieren

1 Für die Marinade Ingwer, Zwiebeln und Knoblauch schälen und grob klein schneiden. Zusammen mit Honig, Hoisin-Sauce, Essig, Sojasauce und Salz in ein hohes Gefäß geben. Mit dem Stabmixer fein pürieren. Die Rippchen in eine flache Schüssel legen und ringsherum mit der Marinade bestreichen. Abgedeckt im Kühlschrank 5–6 Stunden marinieren, am besten über Nacht.

2 Rippchen abtropfen lassen und die Marinade aufbewahren. Auf dem heißen Grill 30 Minuten grillen. Dabei ständig wenden. Ist das Wetter schlecht, lieber die Rippchen mit der fleischigen Seite nach unten auf ein Backblech legen und im vorgeheizten Backofen auf der mittleren Einschubleiste bei 200 °C Ober-/Unterhitze 15 Minuten garen. Rippchen wenden, mit der Marinade bestreichen und weitere 20–25 Minuten garen. Dazu gibt's natürlich Krautsalat. Was soll ich sagen? Lecker!

GRANATAPFEL-CURRY-KRAUTSALAT
In einer Schüssel Salatmayonnaise, Senf, Currypulver, Öl, Joghurt und Limettensaft verrühren. Mit Salz, Pfeffer und Zucker abschmecken. Weißkohl waschen, längs halbieren, den holzigen Strunk entfernen und in sehr feine Streifen schneiden. Möhren schälen und auf der Küchenreibe grob raspeln. Zwiebel schälen und fein würfeln. Alle Zutaten mit dem Dressing mischen, 30 Minuten ziehen lassen. Vor dem Servieren Granatapfelkerne unter den Krautsalat mengen.

>> Makrele ist ja nicht gerade jedermanns Lieblingsfisch. Aber so zubereitet, werdet ihr ihn auf alle Fälle mögen. Das Rezept habe ich übrigens von Toshi bekommen, meinem Lehrer an der Sushi-Akademie in Los Angeles.

Marinierte Makrele

für 4 Personen

2 küchenfertige Makrelen
    (à 450 g)
80 ml Sake
60 ml Sojasauce
2 EL Zucker
1 TL Salz
8 EL Olivenöl
4 EL Limettensaft
5 cm Ingwerwurzel (30 g)
6 Stängel Dill
Pfeffer

Zubereitungszeit:
20 Minuten + 2 Stunden
Marinieren

1 Makrelen waschen, trocken tupfen, auf jeder Hautseite drei- bis viermal diagonal einschneiden und in eine flache Schale legen. Sake, Sojasauce, Zucker, Salz, Öl und Limettensaft in einer Schüssel mischen. Ingwer schälen und fein reiben. Dill waschen, trocken schütteln und grob zerschneiden. Ingwer und die Hälfte vom Dill zur Marinade geben. Kräftig mit Pfeffer würzen. Marinade über die Makrelen gießen und den Fisch in der Marinade wenden, sodass er ringsum davon bedeckt ist. Im Kühlschrank 2–3 Stunden ziehen lassen. Ab und zu umdrehen.

2 Makrelen aus der Marinade nehmen, abtropfen lassen und in einen Fischgrillrost geben. Auf dem heißen Grill bei mittlerer Hitze etwa 20 Minuten grillen. Dabei öfter wenden und mit der Marinade bestreichen. Alternativ in der Pfanne mit wenig Öl bei milder Hitze und ständigem Wenden etwa 20 Minuten braten. Achtung: Makrele kann ein bisschen streng riechen! Die Makrelen vor dem Servieren mit restlichem Dill bestreuen.

4 × Kartoffeln

Kartoffelsalat mit Bohnen und Rucola

für 4 Personen: 600 g festkochende Kartoffeln // Salz // 100 g Südtiroler Bauchspeck // 4 Tomaten // 4 Frühlingszwiebeln // 1 Dose weiße Bohnen (à 400 g) // 50 g Rucola // 6 Stängel glatte Petersilie // 5 EL weißer Balsamico // 1 TL grobkörniger Senf // 8 EL Olivenöl // Pfeffer // 1 Prise Zucker // 12 Basilikumblätter

Zubereitungszeit: 45 Minuten

1 Kartoffeln in kochendem Salzwasser 20–25 Minuten garen. Speck fein würfeln und bei mittlerer Hitze kross braten. Tomaten waschen, in Scheiben schneiden, den Stielansatz entfernen. Frühlingszwiebeln putzen, waschen und in feine Scheiben schneiden. Bohnen in ein Sieb schütten, abspülen und gut abtropfen lassen. Kartoffeln pellen und in dünne Scheiben schneiden. Rucola waschen und trocken schleudern.

2 Petersilie waschen, trocken schütteln, die Blätter abzupfen und fein hacken. Kartoffeln, Tomaten, Frühlingszwiebeln, Speck und Bohnen in einer Schüssel vermengen. Balsamico mit Senf und Olivenöl verquirlen und mit Salz, Pfeffer und Zucker würzen. Das Dressing über den Salat geben und alles gut vermengen. Etwa 15 Minuten ziehen lassen. Den Rucola unterheben, mit der Petersilie und den Basilikumblättern bestreuen.

Salat aus gebratenen Kartoffeln

für 4 Personen: 500 g kleine Kartöffelchen (Drillinge) // Salz // 1 Zucchini (etwa 300 g) // 4–5 Knoblauchzehen // 2 rote Zwiebeln // 3 EL Olivenöl // 1 getrocknete Chilischote // Pfeffer // 200 g Salatmayonnaise // 150 g Sahnejoghurt (10 % Fettgehalt) // 2 EL Wasabipaste // 2 EL Limettensaft // 6 Stängel Minze

Zubereitungszeit: 45 Minuten

1 Kartoffeln in kochendem Salzwasser 15–20 Minuten garen. Zucchini längs vierteln und in etwa 1 cm dicke Scheiben schneiden. Knoblauchzehen mit Schale etwas zerdrücken. Zwiebeln schälen und in schmale Spalten schneiden. Kartoffeln abgießen, 25 Minuten ausdämpfen lassen und mit der Schale längs halbieren. Olivenöl in einer Pfanne erhitzen. Knoblauch darin anbraten. Kartoffeln dazugeben, 10 Minuten braten.

2 Chilischote, Zucchini und Zwiebeln dazugeben, 5–10 Minuten mitbraten. Salzen und pfeffern. In eine Salatschüssel geben, Knoblauchschalen herausfischen. Für das Dressing Salatmayonnaise mit Joghurt und Wasabi verrühren. Mit Limettensaft, Salz und Pfeffer abschmecken. Minze waschen, trocken schütteln und die Blätter abzupfen. Dressing über den Salat träufeln, mit Minzeblättern bestreuen.

Kartoffelsalat mit Koriander und roten Zwiebeln

für 4 Personen: 600 g festkochende Kartoffeln // Salz // 200 g Bio-Salatgurke // 2 Stangen Staudensellerie // 100 g Kirschtomaten // 1 rote Zwiebel // 12 Stängel Koriandergrün // 50 ml Gemüsefond // 3 EL Mirin // Saft von ½ Zitrone // 3 EL Sojasauce // 80 ml Olivenöl // Pfeffer // 1 EL schwarze Sesamsamen

Zubereitungszeit: 45 Minuten

1 Kartoffeln in kochendem Salzwasser 20–25 Minuten garen. Salatgurke waschen, vierteln, entkernen und in etwa 5 mm dicke Scheiben schneiden. Sellerie waschen und schräg in dünne Scheiben schneiden. Sellerieblätter ebenfalls grob hacken. Kirschtomaten waschen und halbieren. Zwiebel schälen und fein würfeln. Die gegarten Kartoffeln ausdämpfen lassen, pellen und in dünne Scheiben schneiden. Alle Zutaten in einer Salatschüssel mischen.

2 Für das Dressing Koriandergrün waschen, trocken schütteln und grob hacken. Gemüsefond, Mirin, Zitronensaft, Sojasauce und Olivenöl mit dem Schneebesen verquirlen. Salzen, pfeffern und den Koriander unterrühren. Das Dressing mit den Salatzutaten mischen, 10 Minuten ziehen lassen. Mit Salz und Pfeffer abschmecken, mit den Sesamsamen bestreuen.

Kartoffel-Avocado-Salat

für 4 Personen: 500 g festkochende Kartoffeln // Salz // 1 Chicorée // 1 säuerlicher Apfel (z. B. Cox Orange) // 2 Frühlingszwiebeln // 1 reife Avocado // 1 rote Chilischote // 100 g Salatmayonnaise // 125 g Sahnejoghurt (10 % Fettgehalt) // 3 EL Olivenöl // 2–3 EL Zitronensaft // Pfeffer, Zucker

Zubereitungszeit: 40 Minuten

1 Kartoffeln in kochendem Salzwasser 20–25 Minuten garen. Chicorée putzen, waschen und den bitteren Strunk keilförmig herausschneiden. Längs in dünne Streifen schneiden. Apfel schälen, vierteln, entkernen und in dünne Spalten schneiden. Frühlingszwiebeln waschen und in feine Ringe schneiden. Avocado schälen, den Stein entfernen und das Fruchtfleisch in dünne Spalten schneiden. Kartoffeln ausdämpfen lassen, pellen und in Scheiben schneiden.

2 Für das Dressing die Chilischote waschen, entkernen und fein hacken. Salatmayonnaise mit Joghurt, Olivenöl und Zitronensaft in einer Salatschüssel verrühren. Chili untermischen und mit Salz, Pfeffer und Zucker abschmecken. Die Salatzutaten zum Dressing in die Schüssel geben und gut vermengen.

≫ Ganz wichtig: die Zeit zum Marinieren! Falls ihr, so wie ich, ein bisschen auf scharfes Essen steht, einfach zusätzlich eine Chilischote mitsamt den Kernen klein schneiden und in die Marinade geben.

Hähnchenspieße in Safran-Zwiebel-Marinade

für 2–4 Personen
1 Brathähnchen
   (etwa 1,5 kg)
750 g Zwiebeln
10 Stängel Koriandergrün
2 Bio-Zitronen
5 EL Olivenöl
2 Döschen Safranfäden
   (à 0,1 g)
1 TL gemahlene Kurkuma
Pfeffer, Cayennepfeffer, Salz

Zubereitungszeit:
35 Minuten + 6 Stunden
Marinieren

1 Das Brathähnchen zerlegen: Brüste, Keulen und Flügel herauslösen. Die Brüste in etwa 3 cm große Würfel schneiden. Die Flügel im Gelenk teilen. Die Knochen aus den Keulen lösen und das Fleisch in etwa 3 cm große Stücke schneiden. (Notfalls hilft dabei der Geflügelhändler eures Vertrauens.)

2 Zwiebeln schälen und in dünne Scheiben schneiden. Koriander waschen, trocken schütteln und grob hacken. 1 Zitrone heiß abwaschen, trocken reiben, halbieren und den Saft in eine Schüssel pressen. Öl, Safranfäden, Kurkuma und ausgepresste Zitronenhälften dazugeben. Die Marinade mit Pfeffer, Cayennepfeffer und Salz würzen. Zwiebeln und Koriander dazugeben. Die Hähnchenteile in die Marinade legen und alles gut vermengen. Abgedeckt 6 Stunden, am besten aber über Nacht, im Kühlschrank marinieren lassen.

3 12 Holzspieße 30 Minuten in kaltes Wasser legen. Hähnchenteile abtropfen lassen, auf die Holzspieße stecken und kräftig mit Salz würzen. Die zweite Zitrone in Spalten schneiden. Die Spieße auf dem heißen Grill oder in der leicht geölten Grillpfanne 8–10 Minuten von allen Seiten grillen. Mit den Zitronenspalten servieren.

> » Auf einem Hoteldach in Hollywood habe ich dieses Gericht mal fürs Fernsehen zubereitet. Daran muss ich jedes Mal mit Wehmut denken, wenn ich den Lachs auf den Grill lege. Beim Füllen ruhig großzügig sein: Der Lachs verträgt eine ganze Menge Schnittlauch und Orangenscheiben.

Lachs vom Grill

für 4 Personen
3 EL brauner Rum
1 EL flüssiger Honig
1 Bio-Orange
1 Bund Schnittlauch
1 kg Lachsfilet aus dem
 Mittelstück, mit Haut
Salz, Pfeffer
2 EL Olivenöl
1 Salatgurke
4 Blätter Eisbergsalat
6 EL Sojasauce
5 EL Mirin
5 EL Reisessig
2 TL dunkles Sesamöl
1 Knoblauchzehe
1 rote Chilischote
8 Stängel Koriandergrün

Zubereitungszeit:
25 Minuten + 20 Minuten
Marinieren

1 Rum und Honig in einer Tasse verrühren. Orange heiß abwaschen und in dünne Scheiben schneiden. Orangenscheiben halbieren. Schnittlauch waschen und in etwa 6 cm lange Stücke schneiden. Das Lachsfilet gründlich trocken tupfen, auf der Fleischseite mit der Rum-Honig-Mischung einpinseln und mit Salz und Pfeffer würzen. In 4 Stücke schneiden. In jedes Stück jeweils längs drei bis vier 1 cm tiefe Taschen schneiden und die Orangenscheiben hineinstecken. Einige Schnittlauchstängel dazugeben. Filets mit Olivenöl beträufeln. 20 Minuten marinieren.

2 Inzwischen Gurke gründlich waschen, in feine Scheiben schneiden und im Sieb abtropfen lassen. Eisbergsalat waschen und grob zerzupfen. Sojasauce in einer Salatschüssel mit Mirin, Reisessig und Sesamöl verrühren. Knoblauchzehe schälen, sehr fein hacken und zum Dressing geben. Mit Salz und Pfeffer abschmecken. Chilischote waschen, längs halbieren, entkernen und fein hacken. Koriander waschen, trocken schütteln und grob hacken. Gurkenscheiben, Chili und Koriander 15 Minuten vor dem Servieren mit dem Dressing mischen.

3 Marinierte Lachsfilets mit der Hautseite nach unten für 8–10 Minuten auf den heißen Grill geben – am besten eignet sich ein Kugelgrill mit Deckel. (Oder ihr bratet den Lachs einfach mit 2 EL Öl in der Pfanne. Schmeckt dann leider nicht rauchig.) Dann 1–2 Minuten auf der Fleischseite garen. Die Lachsfilets zusammen mit dem Gurken-Eisberg-Salat servieren.

>> Eines meiner absoluten Lieblingsgerichte mit Käse! Ganz wichtig ist dabei, den Käse warm zu servieren und gleich zu essen. Einfach ein Stück Baguette dazu, und ab geht's in den siebten Käsehimmel.

Käse vom Grill mit Traubenkompott

für 4 Personen

1 Bio-Zitrone
40 g Zucker
200 ml heller Traubensaft
½ TL getrockneter Estragon
1 TL helle Senfsamen
1 EL Speisestärke
250 g blaue kernlose
   Weintrauben
Pfeffer
6 Stängel Estragon
6 Stängel Petersilie
6 Zweige Thymian
6 Zweige Rosmarin
6 Lorbeerblätter
1 Camembert (etwa 400 g)
3 EL Olivenöl

**Zubereitungszeit:
25 Minuten**

1 Zitronen mit einem Sparschäler dünn schälen, den Saft auspressen. Zucker in einem Topf bei mittlerer Hitze goldbraun karamellisieren. Traubensaft zugießen und so lange kochen, bis sich der Karamell aufgelöst hat. Zitronenschale, Zitronensaft, getrockneten Estragon und Senfsamen in den kochenden Sud geben. Stärke mit wenig kaltem Wasser anrühren, dazugeben und 3–4 Minuten köcheln. Vom Herd nehmen. Trauben waschen, von den Stielen zupfen, halbieren, in den warmen Sud geben. Mit Pfeffer würzen. Kompott abkühlen lassen.

2 Je 3 Zweige Estragon, Petersilie, Thymian, Rosmarin und 3 Lorbeerblätter auf beide Seiten des Camemberts geben und mit Küchengarn fixieren. Den Käse auf dem heißen Grill oder in einer heißen Grillpfanne 1–2 Minuten auf jeder Seite braten. Auf einem Holzbrett anrichten und mit Olivenöl beträufeln. Mit Traubenkompott zu frischem Baguette servieren und direkt vom Brett essen.

Curryspieße mit Pfirsich-Salsa

für 4 Personen
600 g Schweinenacken
2 rote Zwiebeln
1 gelbe Paprikaschote
1 rote Paprikaschote
1 Knoblauchzehe
2 EL mittelscharfes
  Currypulver
2 EL flüssiger Honig
4 EL Limettensaft
Cayennepfeffer
8 EL Olivenöl
2 Pfirsiche
4 Stängel Basilikum
2 cm Ingwerwurzel (10 g)
1 rote Chilischote
Salz, Pfeffer

**Zubereitungszeit:
40 Minuten + 6 Stunden
Marinieren**

1 Schweinenacken in 3 cm große Würfel schneiden. Zwiebeln schälen und in Spalten schneiden. Paprikaschoten waschen, entkernen, dabei den Stielansatz entfernen, und in grobe Stücke schneiden. Abwechselnd je 1 Würfel Fleisch, 1 Zwiebelspalte und 1 Paprikastück auf acht Holzspieße stecken. Für die Marinade Knoblauch schälen und durch die Knoblauchpresse drücken. Currypulver mit Knoblauch, Honig, 1 EL Limettensaft, etwas Cayennepfeffer und 6 EL Olivenöl verrühren. Die Spieße damit bestreichen und 6–8 Stunden abgedeckt kalt stellen, am besten über Nacht.

2 Pfirsiche waschen, halbieren und entsteinen. Fruchtfleisch fein würfeln. Basilikum waschen, trocken schütteln und die Blätter abzupfen. Ingwer schälen und fein reiben. Chilischote waschen, entkernen und fein hacken. Pfirsichwürfel in einer Schüssel mit Chili, 3 EL Limettensaft, dem restlichen Olivenöl (2 EL) und Ingwer mischen. Mit Salz und Pfeffer abschmecken. Basilikumblätter untermengen. Spieße aus der Marinade nehmen, abtropfen lassen und rundherum kräftig mit Salz würzen. Auf dem heißen Grill 8–10 Minuten von allen Seiten grillen. (Funktioniert auch in der Grillpfanne auf dem Herd.) Spieße mit der Pfirsich-Salsa servieren.

» Gemüse perfekt zu grillen, ist gar nicht so einfach. Mit dieser Variante könnt ihr bei den Vegetariern auf jeden Fall beim Grillfest glänzen! Eine gute Alternative zum Spinat ist Mangold.

Mangold aus der Folie

für 4 Personen
1 Staude Mangold
    (500–600 g)
Salz
1 Bio-Orange
1 Bio-Zitrone
1 TL helle Sesamsamen
Pfeffer
4 EL Sojasauce
1 EL dunkles Sesamöl

Zubereitungszeit:
30 Minuten

1 Mangold gründlich waschen, in breite Streifen schneiden und in reichlich kochendem Salzwasser etwa 5–8 Minuten blanchieren. In kaltem Wasser abschrecken und abtropfen lassen. Orange und Zitrone heiß abspülen, Boden und Deckel abschneiden und die Zitrusfrüchte quer in dünne Scheiben schneiden. Sesamsamen in einer Pfanne ohne Fett goldbraun rösten. Vier Rechtecke (40 x 30 cm) aus doppelt gefalteter Alufolie auf die Arbeitsfläche legen.

2 Mangold in die Mitte der Folienrechtecke geben und kräftig mit Salz und Pfeffer würzen. Zitronen- und die Orangenscheiben abwechselnd zwischen die Mangoldblätter stecken. Alles mit der Sojasauce beträufeln. Die Folienblätter oben zusammenschlagen und fest verschließen. Die Päckchen etwa 15 Minuten auf den Grill oder in die heiße Grillpfanne legen. Auf die Teller setzen, die Folien oben öffnen, den Mangold mit Sesamöl beträufeln und mit den gerösteten Sesamsamen bestreuen. Sofort aufessen, schmeckt auch pur.

>> Gegrillte Pfirsiche sind eines der besten Grilldesserts, auch ohne die Quarkcreme. Ganz besonders lecker schmeckt es, wenn man die Pfirsiche beim Grillen zwischendurch mit Honig bestreicht.

Gegrillte Pfirsiche mit Quarkcreme

für 4 Personen

7 EL Zucker
12 Wan-Tan-Blätter
1 Vanilleschote
75 g Sahne
200 g Sahnequark
   (40% Fettgehalt)
4 Pfirsiche
Eiswasser
Puderzucker
2 EL Akazienhonig

**Zubereitungszeit:
35 Minuten**

1 In einem Topf 5 EL Zucker mit 60 ml Wasser 2–3 Minuten leise köcheln lassen. Zuckersirup vom Herd nehmen, abkühlen lassen. Wan-Tan-Blätter mit einer Pinzette im Zuckersirup wenden und auf dem heißen Grill knusprig-goldbraun grillen. Abkühlen lassen. Vanilleschote aufschlitzen und das Mark herauskratzen. Sahne steif schlagen. Sahnequark, Vanillemark und restlichen Zucker (2 EL) in einer Schüssel verrühren, die Sahne unterheben.

2 Pfirsiche kreuzweise einritzen und 30 Sekunden in kochendem Wasser blanchieren, herausnehmen und in Eiswasser abschrecken. Pfirsiche häuten, halbieren und entsteinen. Mit der entsteinten Seite nach unten auf den heißen Grill legen, 1–2 Minuten grillen.

3 Gegrillte Wan-Tan-Blätter mit etwas Puderzucker bestäuben. Mit der Quarkcreme und den Pfirsichhälften auf Desserttellern anrichten. 1 Wan-Tan-Blatt dazulegen. Vor dem Servieren großzügig mit dem Honig beträufeln.

So geht's auch: Wan-Tan-Blätter wie oben im Zuckersirup wenden und dann in einem Topf mit Pflanzenöl knusprig ausbacken. Die halbierten Pfirsiche mit der Schnittseite in Zucker tunken und in einer Pfanne mit etwas Butter kräftig anbraten, sodass der Zucker karamellisiert. Dann mit den Wan-Tan-Blättern weiter wie oben unter Punkt 3 beschrieben.

Es muss nicht immer Fleisch sein. Sogar fruchtigen Desserts kann das Raucharoma des Grills eine ganz besondere Note verleihen.

LARGE
PURPLE
$1.50 lb

$1.50 lb

HOLLYWOOD

Große Liebe

Nein, nicht was ihr jetzt denkt … Kalifornien, das
ist meine große Liebe, seit ich zum ersten Mal
dort war, Anfang der 1990er. Ich liebe das Lebens-
gefühl, die Leute, die Natur, die Energie, die in
der Luft liegt – einfach alles! Und natürlich die
besondere kalifornisch-pazifische Art zu kochen:
die Zutaten, die Gewürze, den Mut zu rohem
Fisch und Fleisch. Gleich in meinem ersten Urlaub
bin ich in San Diego in einer Sushi-Bar am Strand
gelandet, *Sushi on the Rocks*. Und ich war be-
geistert. So etwas wollte ich auch machen, aber
in Hamburg. Das liegt ja schließlich auf halbem
Weg zwischen Japan und Kalifornien, wenn man
nach Westen fliegt. Mir gefällt die Leichtigkeit,
die die Kalifornier der eher strengen japanischen
Küche verleihen. Und ihre Experimentierfreude.

Sie mischen Küchentraditionen und Zutaten ohne
jedes Tabu. Bis es mit meiner eigenen Sushi-Bar
klappte, sollten aber noch fast zehn Jahre ver-
gehen. Ich wollte nach Los Angeles an die *Sushi
Akademie,* doch dafür brauchte ich Geld, das ich
nicht besaß. Aber das Universum hatte wohl ein
Einsehen: Ein Lottogewinn sorgte dafür, dass
ich 1999 als erster Europäer meine Prüfung zum
Sushi-Meister ablegen konnte. Mit Toshi, meinem
Sushi-Lehrer, pflege ich heute noch den Kontakt.
Er hat mir alles beigebracht, was ich brauche, um
meine eigenen Sushi zu kreieren. Während der
Ausbildung mussten wir auch in Sushi-Bars in
L. A. arbeiten, um Praxis zu bekommen. Da lande-
te ich in Venice Beach und wäre am liebsten für
immer geblieben. Ging aber nicht … Umgesetzt
habe ich den ersten Teil meiner kalifornischen
Träume mit dem *Henssler Henssler*, den zweiten
mit dem *ONO*. Und wer weiß, vielleicht schaffe
ich eines Tages noch mit einem Restaurant den
Sprung über den großen Teich.

>> Für den gegrillten Klebreis lässt sich super übrig gebliebener Sushi-Reis verwenden. Wer es etwas süßer mag, nimmt einfach anstatt der Pomelo eine Orange und statt des Limettensafts Orangensaft.

Gegrillter Klebreis mit Erdnüssen und Mangovinaigrette

für 4 Personen
300 g Thai-Klebreis
2 EL geröstete, ungesalzene
  Erdnusskerne
1 kleine Mango
200 g Salatgurke
1 Frühlingszwiebel
1 kleine Pomelo
  (ersatzweise 1 Grapefruit)
2 EL Limettensaft
2 EL Olivenöl
Salz, Pfeffer
1 Prise Zucker
Chiliflocken nach
  Geschmack
8 TL Sojasauce

**Zubereitungszeit:
45 Minuten + Einweichen
Reis**

1 Reis unter fließendem Wasser waschen. Über Nacht in kaltem Wasser einweichen. Einweichwasser abgießen, Reis waschen, abtropfen lassen und in einen mit einem Küchentuch ausgelegten Dämpfeinsatz geben. Wasser in einem hohen Topf aufkochen, Dämpfeinsatz einsetzen (der Boden darf das Wasser nicht berühren). Den Reis zugedeckt 25–30 Minuten dämpfen, dann 1–2 Minuten ohne Deckel gar ziehen lassen. Ein Backblech mit Frischhaltefolie auslegen. Erdnüsse sehr fein hacken, mit dem Klebreis mischen und 2 cm dick auf dem Blech verstreichen. Mit Frischhaltefolie bedecken, abkühlen lassen und mit einem Glas 8 Kreise ausstechen.

2 Für die Vinaigrette Mango schälen, das Fruchtfleisch vom Stein schneiden und fein würfeln. Gurke schälen, längs halbieren, die Kerne mit einem Löffel herausschaben und ebenfalls fein würfeln. Frühlingszwiebel putzen, waschen und grob hacken. Pomelo schälen, das Fruchtfleisch in Spalten herausschneiden und in mundgerechte Stücke zupfen. Mango, Gurke, Pomelo und Frühlingszwiebel in einer Schüssel mit dem Limettensaft und dem Olivenöl mischen. Mit Salz, Pfeffer, Zucker und Chiliflocken abschmecken.

3 Die Klebreis-Erdnuss-Taler etwa 3–4 Minuten auf jeder Seite grillen (oder in einer Pfanne mit etwas Sonnenblumenöl anbraten). Nach dem Wenden mit jeweils 1 TL Sojasauce beträufeln. Den gegrillten Klebreis zusammen mit der Mangovinaigrette servieren.

≫ Falls keine Fischgrillzange wie auf dem Foto zur Hand ist, tut es auch Alufolie. Einfach die gewürzten Doraden einzeln straff in die Folie einwickeln und ab auf den Rost damit. Der Fenchelsalat passt wirklich super zum Fisch.

Dorade mit Fenchelsalat

für 4 Personen
2 TL Fenchelsamen
2 Knoblauchzehen
3 TL abgeriebene Schale
   von 1 Bio-Zitrone
Salz, Pfeffer
4 küchenfertige Doraden
   (à 350 g)
4 Zitronenscheiben

Zubereitungszeit:
35 Minuten

1 Fenchelsamen hacken. Knoblauchzehen schälen und fein hacken. Zitronenschale, Fenchelsamen und Knoblauch in einem Schüsselchen mit Salz und Pfeffer vermischen. Doraden innen und außen waschen und trocken tupfen. Die Haut auf beiden Seiten je zweimal schräg einschneiden. Innen und außen mit der Zitronen-Fenchel-Mischung einreiben. Je 1 Zitronenscheibe in die Bauchhöhlen geben.

2 Jeweils 1 Dorade in eine Fischzange geben und auf dem heißen Grill 5–6 Minuten von jeder Seite grillen (oder fest in Alufolie wickeln und unter dem heißen Backofengrill auf der mittleren Schiene 12–14 Minuten grillen). Mit dem Fenchelsalat servieren.

FENCHELSALAT
700 g Fenchelknolle
4 Bio-Orangen
2 EL Zitronensaft
6 EL Olivenöl
2 TL mittelscharfer Senf
Salz, Pfeffer

Zubereitungszeit:
25 Minuten

FENCHELSALAT
Fenchel putzen und waschen, das Grün beiseitelegen. Mit dem Gemüsehobel fein hobeln. Schale der Orangen heiß abwaschen und dann dünn abreiben. Beide Orangen bis aufs Fruchtfleisch abschälen und die Filets zwischen den Trennhäuten herausschneiden, den Orangensaft dabei auffangen. Die Orangenschale mit 8 EL aufgefangenem Saft, Zitronensaft, Olivenöl, Senf, Salz und Pfeffer in einer Salatschüssel verrühren. Fenchelscheiben und Orangenfilets mit der Sauce vermischen und alles 10 Minuten durchziehen lassen. Mit Fenchelgrün bestreuen.

» Noch ein Gericht für die Vegetarier in der Freiluftküche. Der Salat schmeckt nämlich nicht nur als Beilage zum Fleisch, sondern auch einfach so zu knusprigem Baguette.

Grillpaprikasalat

für 4 Personen

2 EL helle Sesamsamen
Salz
150 g Sahnejoghurt
   (10% Fettgehalt)
1 TL dunkles Sesamöl
½ TL rosenscharfes
   Paprikapulver
1–2 EL Limettensaft
Pfeffer, Zucker
1 Knoblauchzehe
2 Römersalatherzen
2 rote Zwiebeln
2 gelbe Paprikaschoten
2 rote Paprikaschoten
2 grüne Paprikaschoten
6 Stängel Koriandergrün
1 EL Kapern
2 EL Bonito-Flocken

**Zubereitungszeit:
30 Minuten**

1 Für das Salatdressing Sesamsamen in einer Pfanne ohne Fett goldbraun rösten. Abkühlen lassen und im Mörser mit einer Prise Salz zu einer feinen Paste zerreiben. Mit Joghurt, Sesamöl, Paprikapulver und Limettensaft in einer Schüssel verrühren. Mit Salz, Pfeffer und Zucker würzen. Knoblauchzehe ungeschält auf einen Holzspieß stecken und auf dem heißen Grill in 8–10 Minuten weich garen. (Backofen oder Pfanne geht auch.) Anschließend schälen, mit der Gabel zerdrücken und zum Salatdressing geben. Römersalatherzen waschen, trocken schleudern und in Stücke zupfen. Zwiebeln schälen und in dünne Spalten schneiden.

2 Paprikaschoten waschen, abtrocknen und auf dem heißen Grill von allen Seiten so lange grillen, bis die Haut schwarze Blasen wirft. Vom Grill nehmen, auf einen Teller geben und etwa 5–6 Minuten mit einem feuchten Geschirrtuch abdecken. Anschließend häuten, entkernen und in Streifen schneiden. Koriandergrün waschen, trocken schütteln und grob hacken. Paprikaschoten, Kapern, Zwiebeln, Römersalat und Koriander in einer Salatschüssel mischen und mit dem Dressing beträufeln. Vor dem Servieren mit Bonito-Flocken bestreuen.

So geht's auch: Backofen auf Grillstufe vorheizen. Paprikaschoten halbieren, dabei Kerne und Stielansatz entfernen, dünn mit Olivenöl einpinseln, mit der Schnittseite nach unten auf ein mit Backpapier ausgelegtes Backblech setzen. Backen, bis die Haut anfängt, schwarz zu werden. Dann auf einen Teller legen und weiter wie oben beschrieben verfahren.

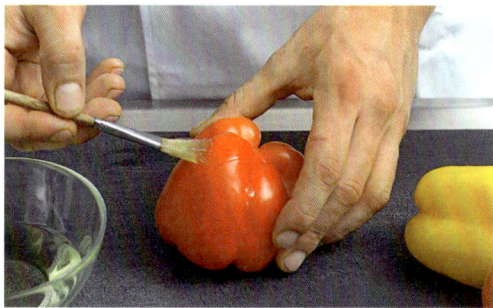
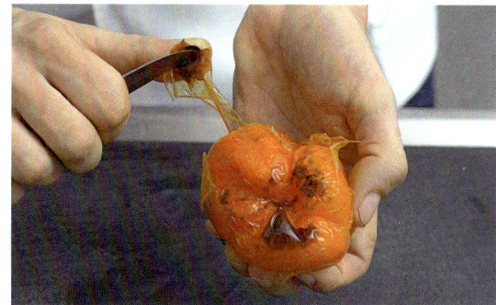

Den Wolfsbarsch gibt es genau so zubereitet auch in meinem Restaurant. Bei den Kräutern für die Fischfüllung müsst ihr euch nicht ans Rezept halten, da habt ihr freie Auswahl. Eine gute Alternative zum Wolfsbarsch bei dieser Zubereitungsart ist eine Dorade.

Scharfer Wolfsbarsch vom Blech

für 4 Personen
4 rote Chilischoten
2 Bio-Zitronen
1 Bund glatte Petersilie
1 Bund Koriandergrün
1 Bund Rosmarin
1 Bund Thymian
4 küchenfertige Wolfs-
    barsche (à etwa 400 g)
Salz, Pfeffer
10 EL Olivenöl

**Zubereitungszeit:
35 Minuten**

Chilischoten waschen, entkernen und längs in feine Streifen schneiden. Zitronen heiß abwaschen und in dünne Scheiben schneiden. Kräuter waschen und trocken schütteln. Fische von innen und außen waschen und trocken tupfen. Die Haut mit einem scharfen Messer auf beiden Seiten drei- bis viermal einritzen. Innen und außen mit Salz und Pfeffer würzen. Alle Kräuter und die Chilistreifen in die Einschnitte stecken. Zitronenscheiben in die Bauchhöhle füllen. In der Grillsaison die Fische in Grillzangen legen und auf dem heißen Grill 5–6 Minuten von jeder Seite grillen. Vor dem Servieren mit Olivenöl beträufeln.

So geht's auch: Ein Backblech mit Alufolie auslegen und die Folie mit 2 EL Olivenöl dünn bestreichen. Gleichzeitig den Backofen auf 200 °C Ober-/Unterhitze (Umluft 180 °C) vorheizen. Je 2 EL Olivenöl pro Fisch in einer großen beschichteten Pfanne erhitzen, die Fische nacheinander 2 Minuten auf jeder Seite anbraten und auf das Backblech legen. Das Blech auf die mittlere Schiene in den Backofen schieben und den Fisch 15 Minuten garen.

>> Die perfekte Steakvariante, um am Grillabend zu glänzen. Wichtig ist es, nicht mit der Marinade zu geizen. Die gibt dem Ganzen den besonderen Kick. Und innerhalb der eigenen vier Wände lässt sich das Rezept auch super umsetzen. Einfach in den Ofen damit!

Ganzes Entrecote vom Grill

für 4 Personen
3 Bund Petersilie
100 g rote Zwiebeln
2 Knoblauchzehen
1 kleine rote Chilischote
1½ TL Salz
50 ml Rotweinessig
140 ml Olivenöl
1 TL Cayennepfeffer
2 TL getrockneter Oregano
1 EL gemahlener Pfeffer
1 Entrecote am Stück
   (etwa 1,2 kg)

Zubereitungszeit:
60 Minuten + 4 Stunden
Marinieren

1 Petersilie waschen, trocken schütteln und sehr fein hacken. Zwiebeln und Knoblauch schälen und fein würfeln. Chilischote waschen, entkernen und fein hacken. In einer Schüssel das Salz unter Rühren im Essig auflösen. Olivenöl, gehackter Chilischote, Cayennepfeffer und Oregano dazugeben. Mit Petersilie, Zwiebeln, Knoblauch und Pfeffer vermischen. Das Entrecote mit Küchenpapier trocken tupfen und mit der Hälfte der Marinade einreiben. Abgedeckt im Kühlschrank 4–5 Stunden marinieren. Die restliche Marinade kurz vor dem Servieren mit Pfeffer und Salz abschmecken und zum Fleisch servieren.

2 Das marinierte Entrecote von allen Seiten salzen und pfeffern. Im heißen Kugelgrill 30–40 Minuten mit geschlossenem Deckel auf allen Seiten grillen. Wer keinen Kugelgrill besitzt, der muss das Fleisch häufiger wenden und die Garzeit verlängert sich um 10–15 Minuten. Das Fleisch nach dem Grillen 8–10 Minuten ruhen lassen und dann in Scheiben schneiden. Die Scheiben können nach Belieben auf dem Grill nachgegart werden.

So geht's auch: Wenn kein Grillwetter ist, das Fleisch in einer Pfanne mit 2 EL Öl von allen Seiten anbraten und dann etwa 25 Minuten auf den Rost im heißen Backofen (180 °C Ober-/Unterhitze) legen. Herausnehmen, vor dem Aufschneiden 10 Minuten ruhen lassen.

>> Lammkoteletts dürfen beim Grillen niemals fehlen. Easy zu machen, easy zu essen. Kauft bloß genug ein, denn eure Freunde werden euch das Lamm von der Grillzange futtern.

Tandoori-Lammkarree mit Tomatensalat

für 4 Personen
150 g Vollmilch-Joghurt
    (3,5 % Fettgehalt)
4 EL Tandoori-Paste
1 EL Sonnenblumenöl
2 TL Honig
4 küchenfertige Lamm-
    karrees (á etwa 300 g)
500 g Tomaten
2 kleine rote Zwiebeln
2 cm Ingwerwurzel (10 g)
8 Stängel Koriandergrün
60 ml Ponzu-Sauce
    (Seite 232)
Salz, Pfeffer

Zubereitungszeit:
45 Minuten + 4 Stunden
Marinieren

1 Joghurt mit Tandoori-Paste, Öl und Honig verrühren. Lammkarrees mit der Mischung in einen Gefrierbeutel geben. Darauf achten, dass das Fleisch rundherum bedeckt ist. Mindestens 4 Stunden (aber am besten über Nacht) marinieren. Dann die Lammkarrees aus dem Gefrierbeutel nehmen, abtropfen lassen und rundherum mit Salz würzen. Auf dem heißen Grill etwa 15–18 Minuten von allen Seiten grillen.

2 Für den Tomatensalat Tomaten waschen und in Scheiben oder Spalten schneiden, dabei den Stielansatz entfernen. Zwiebeln schälen und in dünne Spalten schneiden. Ingwer schälen und fein reiben. Koriandergrün waschen, trocken schütteln und grob hacken. Ingwer, Tomaten, Zwiebeln und Koriander in einer Salatschüssel mit der Ponzu-Sauce mischen. Salat mit Salz und Pfeffer abschmecken. Vor dem Servieren die Lammkarrees an den Knochen entlang in Koteletts schneiden und auf die Teller verteilen, den Tomatensalat dazu reichen.

So geht's auch: Wenn kein Grillwetter ist, die Lammkarrees mit 2 EL Sonnenblumenöl ringsherum kräftig anbraten (Dunstabzug auf Vollgas, das qualmt ziemlich). Danach das Fleisch auf ein Backblech setzen und bei 180 °C Ober-/Unterhitze auf die mittlere Schiene in den vorgeheizten Backofen schieben. Nach 12 Minuten herausnehmen, vor dem Aufschneiden 5 Minuten ruhen lassen.

≫ **Mais vom Grill ist auch mit einfacher Butter gut. Aber mit diesem Rezept wird er so unbeschreiblich lecker, dass ihr ihn nicht mehr anders essen wollt. Garantiert!**

Maiskolben vom Grill mit Kaffeebutter

für 4 Personen

8 Maiskolben mit
　Hüllblättern
1 EL Instant-Kaffeepulver
1 TL flüssiger Honig
Cayennepfeffer
100 g weiche Butter
Salz, Pfeffer
grobes Meersalz

**Zubereitungszeit:
40 Minuten**

1 Maiskolben mit den Blättern 10 Minuten in kaltes Wasser legen. Kaffeepulver, Honig und Cayennepfeffer nach Geschmack mit der weichen Butter mischen. (Ich hab's gern scharf, aber das kann ja jeder machen, wie er will.) Mischung mit Salz und Pfeffer abschmecken. Kaffeebutter auf ein Stück Klarsichtfolie (20 x 20 cm) geben, die Folie aufrollen und die Enden zusammendrehen. 15–20 Minuten im Gefrierfach fest werden lassen.

2 Inzwischen Mais trocken schütteln und auf dem heißen Grill 20 Minuten grillen. Die Kolben immer wieder wenden, bis die Blätter rundherum schwarz sind. Die Blätter von der Spitze aus abziehen. Alternativ den Mais in Salzwasser blanchieren und dann in einer heißen Grillpfanne dunkel rösten. Geschälte Maiskolben mit je 1 Teelöffel Kaffeebutter bestreichen und nochmals 5 Minuten von allen Seiten grillen. Mit grobem Meersalz bestreuen und mit der restlichen Kaffeebutter servieren.

Steak mit Pfefferkruste, Pommes, Ketchup und Spinat

für 4 Personen

1 l Öl zum Frittieren
500 g mehligkochende
   Kartoffeln
Salz
2 Zwiebeln
1 Knoblauchzehe
500 g Tomaten
2 EL Zucker
3 EL Weißweinessig
Pfeffer
1 kg Blattspinat
50 g Butter
4 Rumpsteaks (à 200 g)
je 1 EL schwarze und weiße
   Pfefferkörner
1 EL rosa Pfefferbeeren
2 EL Sonnenblumenöl

**Zubereitungszeit:
35 Minuten**

1 Für den Ketchup Zwiebeln und Knoblauch schälen und klein würfeln. Tomaten waschen und halbieren, zusammen mit Zucker, Weißweinessig, 50 ml Wasser und der Hälfte der Zwiebelwürfel in einen Topf geben, salzen und pfeffern. Alles erhitzen und auf kleiner Flamme einkochen lassen, bis die Tomaten weich sind. Durch ein Sieb passieren, wieder erhitzen und dickflüssig einkochen.

2 Für die Pommes Frittieröl auf 140 °C erhitzen. Kartoffeln schälen und in Pommesstreifen schneiden. Im heißen Öl etwa 2 Minuten garen, herausnehmen. Das Öl auf 180 °C erhitzen. Die Pommes noch einmal ins Öl geben und kross frittieren. Auf Küchenpapier abtropfen lassen und salzen.

3 Spinat waschen, kurz in kochendes Salzwasser geben, abgießen, kalt abschrecken und gut abtropfen. Die Butter in einem Topf braun werden lassen, restliche Zwiebelwürfel und Knoblauch darin anschwitzen, den ausgedrückten Spinat dazugeben. Alles mit Salz und Pfeffer abschmecken.

4 Steaks salzen. Pfefferkörner und Pfefferbeeren im Mörser grob zerstoßen und auf einen Teller schütten. Eine Seite jedes Steaks in den Pfeffer drücken. Sonnenblumenöl in einer großen Pfanne erhitzen. Steaks zuerst auf der Pfefferseite anbraten, dann umdrehen und bei mittlerer Hitze in 3–4 Minuten fertig garen. In der Grillsaison kommen die Steaks natürlich auf den Grill! Alles zusammen servieren.

Süße Sachen

Desserts beschließen als verführerischer Schlusspunkt jedes Menü – egal, ob für die Liebste oder eine große Runde von Gästen gekocht wurde. Süßspeisen müssen nicht immer schwere Kalorienbomben sein, wie die Kefirmousse oder das Orangensorbet zeigen. Die passen auch nach mehreren Gängen noch in den Magen und machen einfach glücklich.

> Ich liebe Feigen. Und ich liebe Kirschen. Deswegen: Während der Kirschenzeit einfach Kirschen statt Feigen für dieses Rezept nehmen. Das Dessert lässt sich auch prima fürs Picknick einpacken.

Feigen in Honig

für 4 Personen

30 g geröstete und
   gesalzene Pistazienkerne
75 g Sahnejoghurt
   (10% Fettgehalt)
1 TL Zitronensaft
6 reife Feigen
6 EL Honig
5 Zweige Zitronenthymian
   (ersatzweise normaler
   Thymian)

**Zubereitungszeit:
25 Minuten**

1 Die Pistazienkerne schälen und grob hacken. Den Joghurt und den Zitronensaft in einer Schüssel mit einem Schneebesen kräftig verrühren (oder mit dem Stabmixer in einer Schüssel schaumig aufmixen).

2 Die Feigen putzen und vierteln. Den Honig in einer Pfanne erhitzen und karamellisieren lassen. Die Thymianzweige dazugeben und bei milder Hitze 1 Minute im Honig ziehen lassen. Herausnehmen. Dann die Feigenviertel in den Honig geben und durchschwenken.

3 Die Feigen mit dem Sud auf vier Dessertellern verteilen. Mit dem Zitronenjoghurt beträufeln, mit ein paar abgezupften Thymianblättchen und den gehackten Pistazienkernen bestreuen. Fertig. Also wirklich ein Dessert für Ungeduldige: Geht schnell und schmeckt trotzdem super.

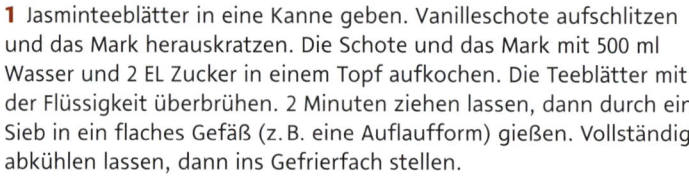

≫ Geniales Dessert für heiße Sommertage. Kann man auch mit Orangensaft machen, dann einfach geriebenen Ingwer und gehackte Minze dazugeben. Bevor ihr anfangt, vergewissert euch bitte, dass genug Platz im Gefrierschrank ist, sonst wird das nix!

Jasmintee-Granita

für 4–6 Personen
3 TL Jasminteeblätter
½ Vanilleschote
5 EL Zucker
200 g Erdbeeren
1 EL Zitronensaft
Minzeblättchen

**Zubereitungszeit:
20 Minuten + 2 Stunden
Kühlen**

1 Jasminteeblätter in eine Kanne geben. Vanilleschote aufschlitzen und das Mark herauskratzen. Die Schote und das Mark mit 500 ml Wasser und 2 EL Zucker in einem Topf aufkochen. Die Teeblätter mit der Flüssigkeit überbrühen. 2 Minuten ziehen lassen, dann durch ein Sieb in ein flaches Gefäß (z. B. eine Auflaufform) gießen. Vollständig abkühlen lassen, dann ins Gefrierfach stellen.

2 Nach etwa 1 Stunde, wenn die Oberfläche zu gefrieren beginnt, diese mit einem Löffel zerstoßen und mit der unter der Eisschicht verbliebenen Flüssigkeit mischen. Erneut einfrieren, und in Abständen von etwa 10 Minuten das entstandene Eis immer wieder grob zerstoßen und untermischen, bis ein gleichmäßig krümeliges Eis entstanden ist. Das dauert noch einmal etwa 1 Stunde.

3 Erdbeeren waschen, putzen und klein schneiden. Mit 3 EL Zucker und Zitronensaft mischen und 10 Minuten marinieren. Vier Gläser im Gefrierfach 10 Minuten kalt stellen. Granita und Erdbeeren kurz vorm Servieren abwechselnd in die Gläser schichten und mit Minzeblättchen verzieren.

Mocca-Crème-brulée mit Brombeeren

für 4 Personen

4 grüne Kardamomsamen
100 ml Milch
70 g Zucker
1 TL Instant-Espressopulver
200 g Sahne
2 Eigelb
250 g Brombeeren
2–3 TL Zitronensaft
Minzeblättchen
3–4 EL brauner Zucker

**Zubereitungszeit:
80 Minuten + 1 Stunde
Kühlen**

1 Kardamomsamen im Mörser aufbrechen, Schale entfernen und Samen fein zerstoßen. Mit Milch, 50 g Zucker und Espressopulver in einem Topf verrühren. Bei milder Hitze erwärmen und 15 Minuten ziehen lassen. Espressomilch mit der Sahne in ein hohes Gefäß schütten. Die Eigelbe dazugeben, alles mit dem Stabmixer aufschlagen. Mindestens 1 Stunde kalt stellen.

2 Backofen auf 150 °C Ober-/Unterhitze vorheizen. Sahnemischung durch ein feines Sieb gießen und in vier feuerfeste Förmchen (10 cm Ø) füllen. Förmchen in ein tiefes Blech stellen und ins untere Drittel des heißen Backofens schieben. In das Blech so viel kochend heißes Wasser gießen, dass die Förmchen zur Hälfte im Wasser stehen. Crème 35–40 Minuten stocken lassen.

3 Brombeeren abbrausen, verlesen und sehr gut abtropfen lassen. In einem Topf den restlichen Zucker (20 g) schmelzen und die Brombeeren hineingeben. Einmal aufkochen, dabei eventuell noch etwas Wasser zugeben. Zitronensaft dazugeben. Vom Herd nehmen, abkühlen lassen. Vor dem Servieren mit Minzeblättchen dekorieren.

4 Förmchen aus dem Ofen nehmen und vollständig auskühlen lassen. Kurz vor dem Servieren die Crème dünn mit braunem Zucker bestreuen und mit einem Bunsenbrenner karamellisieren. Geht natürlich auch unter dem sehr heißen Backofengrill. Dazu die Förmchen wieder auf ein Blech stellen und oben in den Ofen schieben. Aufpassen, dass nichts anbrennt! Aus dem Ofen nehmen und zu den Brombeeren servieren.

≫ Eines meiner absoluten Lieblingsdesserts: lauwarmer Kuchen! Wer kann dazu schon Nein sagen. Das Rezept stammt aus meiner Zeit in Kalifornien. Der Käsekuchen war der Renner des *Sunset-Grill*.

Mohn-Cheesecake

für 4 Personen
25 g gemahlener Mohn
1 EL Butter
50 ml Milch
125 g Ricotta
125 g Magerquark
2 Eier, Größe M
1 TL abgeriebene Schale
  von 1 Bio-Zitrone
1 EL Speisestärke
70 g Zucker
150 g Himbeeren
1 EL Vanillezucker
1–2 TL Puderzucker

Zubereitungszeit:
60 Minuten

1 Mohn, Butter und Milch in einen Topf geben und unter Rühren einmal aufkochen. Vom Herd nehmen und vollständig abkühlen lassen. Backofen auf 175 °C (Umluft 160 °C) vorheizen. Ricotta, Magerquark, Eier und Zitronenschale in einer Schüssel verrühren. Die Mohnmischung dazugeben und gut untermengen. Speisestärke und Zucker mischen und unter die Quarkmasse rühren.

2 Vier ofenfeste Förmchen (à 150 ml Inhalt) ausbuttern. Himbeeren kurz abbrausen, verlesen und sehr gut auf Küchenpapier abtropfen lassen. Mit dem Vanillezucker mischen und in die Förmchen füllen. Die Quarkmasse darauf verteilen. Die Förmchen im unteren Drittel des Ofens 30–35 Minuten backen. Abkühlen lassen, bis der Kuchen lauwarm ist, und mit Puderzucker bestreuen.

» Falls ihr keine Zwetschgen mögt, kein Problem. Zu diesem Crêpe passt auch wunderbar ein Erdbeer- oder Blaubeerkompott. Und immer daran denken: Richtige Crêpes müssen schön dünn und ziemlich blass sein.

Haselnusscrêpes mit Zwetschgenkompott und Ricotta

für 4 Personen
80 g Mehl
2 EL gemahlene
  Haselnusskerne
Salz, gemahlener Zimt
200 ml Milch
1 EL Sonnenblumenöl
1 Ei, Größe M
50 g Haselnussblättchen
500 g Zwetschgen
3 EL Zucker
50 ml roter Portwein
50 ml Apfelsaft
200 g Ricotta
Puderzucker

**Zubereitungszeit:
35 Minuten**

1 Mehl, gemahlene Haselnusskerne, je 1 Prise Salz und Zimt in einer Schüssel vermischen. Milch, Öl und Ei in einer zweiten Schüssel verquirlen. Nach und nach mit einem Schneebesen in die Mehlmischung rühren, bis ein glatter Teig entsteht. Haselnussblättchen unterrühren. Teig 10 Minuten quellen lassen.

2 Zwetschgen waschen, entsteinen und in Spalten schneiden. Zucker in einem Topf goldgelb karamellisieren. Mit Portwein und Apfelsaft ablöschen und 2 Minuten einkochen. Zwetschgen dazugeben und bei milder Hitze zugedeckt 5–8 Minuten dünsten. Vom Herd nehmen und beiseitestellen. Backofen auf 100 °C (Umluft 80 °C) vorheizen.

3 Eine kleine beschichtete Pfanne (20 cm Ø) dünn mit Öl auspinseln und erhitzen. Den Teig erneut durchrühren. Eine Teigportion dünn in der Pfanne verteilen und bei milder Hitze auf beiden Seiten hellbraun backen. Aus der Pfanne nehmen und im heißen Ofen zwischen zwei Tellern warm halten. Nacheinander 8 dünne Crêpes backen. Je 2 Crêpes auf einem Teller mit etwas Zwetschgenkompott und Ricotta anrichten. Mit etwas Puderzucker und Zimt bestreuen.

>> **Ein Dessert aus Kindertagen neu aufgelegt. Die Kombination aus Zitronengras und Milchreis ist eine unglaublich aromatische Kombination. Und ganz wichtig: lauwarm servieren.**

Zitronengras-Milchreis mit Heidelbeerkompott

für 4 Personen
3 Stängel Zitronengras
600 ml Milch
120 g Milchreis
6 EL Zucker
250 g Heidelbeeren
   (tiefgekühlt)
2 TL Speisestärke
1 TL abgeriebene Schale
   von 1 Bio-Limette
3–4 EL Limettensaft
200 g Sahne

**Zubereitungszeit:
45 Minuten**

1 Zitronengrasstängel halbieren und flach klopfen. In einem Topf mit der Milch aufkochen. Den Reis dazugeben, die Hitze stark reduzieren und den Deckel auf den Topf legen. Unter gelegentlichem Rühren etwa 30 Minuten garen. Aufpassen, dass der Reis nicht zu weich wird!

2 Inzwischen 2 EL Zucker in einem Topf goldgelb karamellisieren. Die tiefgekühlten Heidelbeeren und 50 ml Wasser dazugeben und alles aufkochen. Die Stärke mit 1 EL Wasser verrühren und unter den Heidelbeersud mischen. Unter Rühren einmal aufkochen. Mit Limettenschale und -saft würzen. Vom Herd nehmen.

3 Zitronengrasstangen aus dem Milchreis entfernen. Restlichen Zucker (4 EL) untermengen und den Reis lauwarm abkühlen lassen. Sahne steif schlagen und kurz vor dem Servieren unterheben. Mit dem Heidelbeerkompott anrichten.

» Ein wunderbar leichtes Sommerdessert. Auch wenn ihr gerade an der Strandfigur arbeitet – diesen Nachtisch könnt ihr euch immer erlauben.

Kefirmousse mit Rhabarber

für 4 Personen
3 Blatt Gelatine
3 EL Zitronensaft
2 TL abgeriebene Schale
   von 1 Bio-Zitrone
100 g Zucker
250 ml Kefir
250 g Sahne
500 g Rhabarber
2 Zweige Rosmarin

Zubereitungszeit:
30 Minuten + 2 Stunden
Kühlen

1 Gelatine in etwas kaltem Wasser einweichen. Zitronensaft, 1 TL Zitronenschale und 70 g Zucker in einem Topf erhitzen, bis sich der Zucker aufgelöst hat. Vom Herd nehmen. Gelatine ausdrücken und im Zitronensirup auflösen. Kefir nach und nach unterrühren. Kefirmischung in eine große Schüssel gießen und 10 Minuten kühl stellen. Dann Sahne steif schlagen und vorsichtig mit einem Schneebesen unter die Kefirmasse rühren. Alles in eine kleine Auflaufform füllen und mindestens 2 Stunden kalt stellen.

2 In der Zwischenzeit Rhabarber waschen, putzen und in 3 cm lange Stücke schneiden. Restlichen Zucker (30 g) mit 100 ml Wasser und dem Rosmarin in einem Topf aufkochen. Die Rhabarberstücke dazugeben. Alles bei milder Hitze zugedeckt 10 Minuten dünsten, dann die restliche Zitronenschale (1 TL) hinzufügen. Vom Herd nehmen und abkühlen lassen. Kurz vor dem Servieren Rosmarinzweige entfernen, mit einem Esslöffel Nocken von der Kefirmousse abstechen und mit dem Rhabarberkompott anrichten.

>> Andere Fruchtkompotts passen natürlich auch zur Kefirmousse: Apfel, Pflaume, Brombeere oder was der Garten sonst noch so hergibt. Aber ich mag Kirschen am liebsten, deswegen hier noch ein Kirschkompottrezept.

Kirschkompott

für 4–6 Personen
100 g Zucker
1 Vanilleschote
1 Zimtstange
1 Sternanis
500 g Kirschen
1 EL Speisestärke

**Zubereitungszeit:
15 Minuten**

Zucker in einem Topf karamellisieren lassen. Das Mark aus der Vanilleschote kratzen, Mark und Schote zum Zucker geben, ebenso die Zimtstange und den Sternanis. 50 ml Wasser und die Kirschen hinzufügen. So lange rühren, bis sich der Zucker aufgelöst hat. Alles 10 Minuten köcheln lassen. Dann die Stärke in etwas Wasser anrühren, dazugeben, noch einmal unter Rühren aufkochen und vom Herd nehmen. Vor dem Servieren Sternanis, Vanilleschote und Zimtstange entfernen.

>> Dieses Dessert ist einfach zum Reinlegen, und es sieht noch dazu super aus. Das Rezept ist aber ganz einfach. Für einen Kindergeburtstag den Alkohol weglassen und die Rosinen in Ananas- oder Orangensaft einweichen, dann passt das auch sehr gut.

Piña-Colada-Schlupfer

für 4 Personen

3 EL Rosinen
3 EL brauner Rum
150 g Brioche
   (ersatzweise Hefezopf)
1 Ananas (etwa 500 g)
200 ml Kokosmilch
3 Eier, Größe M
2 EL Zucker
1 EL Vanillezucker
2 TL abgeriebene Schale
   von 1 Bio-Zitrone
2 EL Butter
Puderzucker

**Zubereitungszeit:
60 Minuten**

1 Backofen auf 220 °C Ober-/Unterhitze (Umluft 200 °C) vorheizen. Rosinen in einer Tasse mit dem Rum mischen. Die Brioche in 1 cm dicke Scheiben schneiden, auf den Rost legen und im heißen Ofen auf der mittleren Schiene 5–10 Minuten hellgelb rösten. Ananas schälen, halbieren, den Strunk herausschneiden. Das Fruchtfleisch in 5 mm dicke Scheiben schneiden.

2 Kokosmilch, Eier, Zucker und Vanillezucker in ein hohes Gefäß geben und mit dem Stabmixer aufschlagen. Zitronenschale dazugeben. Eine Auflaufform (20 × 15 cm) mit 1 EL Butter ausfetten. Brioche- und Ananasscheiben abwechselnd wie Dachziegel in die Form schichten. Rum-Rosinen darüber verteilen. Mit der Kokosmilchmischung begießen und die übrige Butter in Flöckchen darübergeben. Im unteren Drittel des Ofens 25–30 Minuten backen. Herausnehmen, mit Puderzucker bestreuen und warm servieren. Mir schmeckt dazu am besten Vanilleeis.

>> Dieses Dessert habe ich in einer meiner ersten Kochsendungen vorgestellt. Das Rezept ist einfach und gelingt immer. Ein prima Einstieg für Neulinge in Sachen Dessert.

Espressozabaione auf Mangobett

für 4 Personen

1 kleine reife Mango
1 TL Zitronensaft
3 Eigelb
40 g Zucker
1 Prise gemahlener Zimt
50 ml heißer Espresso
50 ml Milch

**Zubereitungszeit:
25 Minuten**

1 Mango schälen und das Fruchtfleisch vom Stein schneiden. Zwei Drittel des Fruchtfleischs würfeln. Den Rest mit dem Zitronensaft fein pürieren. Mangopüree und Mangowürfel vermischen. Eine Schüssel mit kaltem Wasser bereitstellen und einen Topf mit heißem Wasser für das Wasserbad vorbereiten.

2 Eigelbe, Zucker und Zimt in einer Metallschüssel verrühren. Espresso und Milch mischen und zur Eimischung geben. Alles über dem heißen Wasserbad mit dem Schneebesen so lange kräftig aufschlagen, bis die Creme luftig ist und schön bindet. Passt auf, dass das Wasser nicht zu heiß wird und die Schüssel nicht berührt. Sonst bekommt ihr Rührei!

3 Die Schüssel mit der Zabaione ins kalte Wasser setzen und alles unter Rühren abkühlen. Das kalte Mangokompott in vier Gläser füllen. Die Zabaione darauf verteilen und sofort servieren. Ein fruchtiger Nachtisch, der auch noch schnell gemacht ist.

>> Dieses Soufflé gelingt garantiert, ist fluffig, lecker, samtig zart. Versprochen! Für alle, die mein Soufflé-Disaster bei *Lanz kocht* verfolgt haben: Vertraut mir trotz aller Fehlschläge. Ihr werdet sehen, es funktioniert – ich schwöre! Mir schmeckt dieses Soufflé übrigens – wie auch anders – mit Kirschkompott am besten.

Mandelsoufflé mit Kirschkompott

für 6 Personen
40 g gemahlene Mandeln
40 g Marzipanrohmasse
25 g weiche Butter
25 g Mehl
200 ml Milch
2 Eier, Größe M
1 Prise Salz
2 TL Zucker
1 Päckchen Vanillezucker
Puderzucker
Kirschkompott (Seite 211)

**Zubereitungszeit:
70 Minuten**

1 Sechs Souffléförmchen (à 100 ml) mit je 1 Stück Backpapier auslegen. Gemahlene Mandeln in einer Pfanne ohne Fett hellbraun rösten. Vom Herd nehmen und abkühlen lassen. Marzipan auf der Haushaltsreibe fein raspeln. Butter und Mehl sorgfältig verkneten. Milch und Marzipan in einem Topf unter Rühren aufkochen. Mehlbutter in kleinen Stücken mit einem Schneebesen nach und nach einrühren, bis die Masse glatt ist. Masse in eine Schüssel schütten. Eier trennen und Eigelbe zur Marzipanmasse geben. Dann die gerösteten Mandeln zügig unterrühren.

2 Eiweiße und 1 Prise Salz mit den Quirlen des Handrührers steif schlagen, dann Zucker und Vanillezucker einrieseln lassen und 1 Minute weiterschlagen. Eischnee in mehreren Portionen unter die Mandelmasse heben. Backofen auf 180 °C Ober-/Unterhitze vorheizen. Den Teig auf die 6 Förmchen verteilen. In ein tiefes Backblech stellen und so viel kochend heißes Wasser in das Blech gießen, dass die Förmchen 1 cm hoch im Wasser stehen. In den heißen Ofen schieben und die Soufflés in 25–30 Minuten goldbraun backen. Herausnehmen und auf die Dessertteller stürzen, das Backpapier abziehen. Mit Puderzucker bestreuen und mit dem Kirschkompott von Seite 211 servieren.

>> Der Aufwand für das Sorbet lohnt sich auf jeden Fall. Falls man eine Eismaschine besitzt, umso besser. Als Schmankerl kann dazu auch ein Minzpesto aus Minze, Olivenöl und braunem Zucker serviert werden.

Orangensorbet mit Basilikum

für 4 Personen
12 Bio-Orangen
4 EL Limettensaft
5 EL Zucker
5 Stängel Basilikum

Zubereitungszeit:
40 Minuten + 3 Stunden
Kühlen

1 Von den Orangen 2 halbieren und auspressen. Orangenschalen beiseitelegen. Restliche 10 Orangen mit einem scharfen Messer bis aufs Fruchtfleisch abschälen. Fruchtfilets zwischen den Trennhäuten herausschneiden, dabei den austretenden Saft auffangen. Fruchtfilets nebeneinander in einen Gefrierbeutel legen und mindestens 3 Stunden tiefgefrieren. Schalen der ausgepressten Orangen innen von Fruchtresten säubern, trocken tupfen und ebenfalls tiefgefrieren, dabei aufpassen, dass sie ihre Schalenform nicht verlieren.

2 300 ml Orangensaft abmessen, mit Limettensaft und Zucker in einen Topf geben, auf den Herd stellen, aufkochen und auf 200 ml einkochen lassen. Vom Herd nehmen, die Basilikumstiele dazugeben und alles abkühlen lassen. Die tiefgefrorenen Orangenfilets in einen Standmixer oder eine Küchenmaschine geben und 5–10 Minuten antauen lassen. Das Basilikum aus dem eingekochten Orangensaft entfernen. Den Saft zu den Fruchtfilets gießen. Alles so lange pürieren, bis ein cremiges Sorbet entstanden ist. In gefrorenen Orangenschalen anrichten. Sofort servieren. Total leicht und lecker!

Die Henssler-Gang

Ohne meine Jungs in der Küche könnte ich nicht machen, was ich mache. So einfach ist das. Das gilt fürs *ONO* wie fürs *Henssler Henssler*. Dass die Truppe gut zusammenarbeitet, ist die Grundlage für meinen Erfolg. Wenn ich neue Leute suche, gucke ich immer, ob sie ins Team passen. Was beim Fachlichen vielleicht fehlt, kann ich jemandem beibringen, Teamgeist und Lust auf die Arbeit muss er mitbringen. Als Chef bin ich unkompliziert, eigentlich eher wie ein großer Bruder. Aber alle wissen, dass ich Leistung erwarte. Mein wichtigster Mann in der Küche des *Henssler Henssler* ist Tobias. Er hilft mir beim Umsetzen meiner Vorstellungen und hat das Sagen in unserem bunt gemischten Team, wenn ich – wie so oft – unterwegs bin. Bei uns arbeiten Menschen aus allen Ecken der Welt: Deutschland, Nepal, Australien, Ghana. Wir sind eine richtige Multi-Kulti-Truppe, lauter junge Typen. Ich arbeite gern mit Leuten, die offen sind und alles in sich aufsaugen. Das passt zu mir und meiner Küche, die eine gewisse Leichtigkeit hat und eher einfach zuzubereiten ist, ohne lange Vorbereitungszeit. Meine Gerichte leben von der Kombination der Zutaten, von der Qualität der Produkte und von den Kontrasten am Gaumen. Ich betrachte ein Essen im Restaurant als Event, das die Gäste auch unterhalten soll. Für die Umsetzung dieses Anspruchs müssen meine Köche sorgen, mit denen ich mehr Zeit verbringe als mit Familie und Freunden. Wir arbeiten zusammen, und ab und zu gehen wir aus und feiern. Auf meine Gang lasse ich nichts kommen, und alle wissen, dass ich hundertprozentig hinter ihnen stehe.

>> Ein cremiges Schokoladendessert muss einfach sein. Ein Tipp für die Jungs: Falls ihr bei eurer Liebsten mal etwas gut zu machen habt, wird euch dieses Dessert sehr helfen!

Schoko-Minz-Mousse

für 6 Personen

150 g Bitterschokolade
   (60–70% Kakaogehalt)
100 g Schokolade mit
   Pfefferminzfüllung
2 Eier
1½ EL Zucker
500 g Sahne
Minzeblättchen
6 Desserthippen
etwas Fruchtkompott

**Zubereitungszeit:
30 Minuten + 2 Stunden
Kühlen**

1 Die Schokolade grob hacken und in einer Schüssel über dem heißen Wasserbad schmelzen. Die Eier und den Zucker in einer Metallschüssel über dem heißen Wasserbad mit einem Schneebesen 1 Minute schaumig aufschlagen. Vom Wasserbad nehmen und die flüssige Schokolade mit einem Kochlöffel langsam in die Ei-Zucker-Mischung einrühren, bis eine glatte Masse entstanden ist. Die Mousse kurz im kalten Wasserbad abkühlen lassen.

2 Die Sahne mit dem Handmixer halb steif schlagen und nach und nach mit einem Teigschaber vorsichtig unter die Schokoladencreme heben. Die Mousse in eine Schale füllen und mindestens 2 Stunden im Kühlschrank kalt stellen. Mit einem Esslöffel Nocken abstechen, auf die Dessertteller setzen, mit einigen Minzeblättchen, je 1 Hippen und etwas Fruchtkompott anrichten.

>> Falls ihr Sushi gerollt habt und noch Avocados übrig sind –
Avocadonocken sind ein perfekter Abschluss eines Menüs.

Avocado-Nocken mit grünem Tee und Passionsfruchtsauce

für 4 Personen

4 Passionsfrüchte
    (Maracujas)
100 ml Orangensaft
3 EL Zucker
1 TL Speisestärke
1 Eiweiß
1 Prise Salz
1 EL Vanillezucker
100 g Sahne
1 Päckchen Sahnesteif
1 reife Avocado (etwa 200 g)
2 EL Limettensaft
2 Stängel Minze
1 TL fein gemahlener grüner
    Tee

**Zubereitungszeit:
30 Minuten + 30 Minuten
Kühlen**

1 Passionsfrüchte halbieren und das Fruchtfleisch mit einem Esslöffel herauskratzen. In ein hohes Gefäß geben und mit dem Stabmixer nur kurz pürieren. Mit Orangensaft und 1 EL Zucker in einen Topf geben. Die Saftmischung unter Rühren aufkochen. 3 EL abnehmen, in eine Tasse geben und mit der Stärke verrühren. Die Speisestärke einrühren und erneut aufkochen. Vom Herd nehmen, Sauce in eine Schüssel füllen und abkühlen lassen.

2 Eiweiß und 1 Prise Salz mit den Quirlen des Handrührers in einer Schüssel steif schlagen. 2 EL Zucker und den Vanillezucker einrieseln lassen und 1 Minute weiterschlagen, bis eine cremig feste Masse entsteht. Sahne und Sahnesteif mischen und in einer zweiten Schüssel ebenfalls steif schlagen. Avocado halbieren, vom Stein befreien und schälen. Fruchtfleisch mit Limettensaft beträufeln und in einer Schüssel fein pürieren. Eischnee und Sahne in mehreren Portionen vorsichtig unterheben. 15 Minuten kalt stellen.

3 Minze waschen, trocken schütteln, die Blättchen abzupfen und fein hacken. Vor dem Servieren aus der Avocadocreme mit zwei Esslöffeln Nocken formen, auf Dessertteller setzen und mit etwas grünem Tee und gehackter Minze bestreuen. Die Passionsfruchtsauce angießen oder dekorativ auf den Teller träufeln. Schaut toll aus und schmeckt äußerst lecker!

>> **Ein schnelles leckeres Dessert, das sich sehr gut vorbereiten lässt, wenn Gäste kommen. Da kann der Gastgeber ganz beruhigt mit am Tisch sitzen und muss nicht noch ewig in der Küche stehen.**

Karamellisierte Panna Cotta mit Erdbeeren

für 4 Personen
3 Blatt weiße Gelatine
7 EL Puderzucker (70 g)
250 g Sahne
200 g Doppelrahmfrischkäse
200 g Erdbeeren
1 EL Zitronensaft
1 EL gehackte Minze

Zubereitungszeit:
20 Minuten + 2 Stunden Kühlen

1 Gelatine in etwas kaltem Wasser einweichen. 6 EL Puderzucker in einem Topf schmelzen und bei mittlerer Hitze goldgelb karamellisieren. Je 1 TL Karamell in vier Gläser (à 100 ml Inhalt) geben und auf dem Boden verteilen. (Tassen gehen notfalls auch.) Restlichen Karamell erneut erwärmen und mit der Sahne ablöschen. Bei milder Hitze so lange rühren, bis er sich vollständig aufgelöst hat. Gelatine gut ausdrücken und in der Karamellsahne schmelzen. Frischkäse einrühren und die Masse in die Gläser füllen. Mindestens 2 Stunden kalt stellen.

2 Erdbeeren waschen, putzen und in Stücke schneiden. Mit Zitronensaft und dem restlichen Puderzucker (1 EL) mischen. Gläser oder Tassen kurz in heißes Wasser tauchen, die Panna Cotta mit einem Messer vom Rand lösen und auf Dessertteller stürzen. Mit den Erdbeeren und der gehackten Minze anrichten.

Anhang

Zum Schluss gibt es noch ein paar wichtige Ergänzungen und Informationen, die das Kochen nach meinen Rezepten ungemein erleichtern. Ganz wichtig sind die Rezepte für die verschiedenen japanischen Saucen, die ich häufig einsetze. Dabei lohnt sich das Selbermachen wirklich, der Geschmack ist viel aromatischer. Außerdem erspart man sich jede Menge fragwürdiger Zusatzstoffe. Auch die richtige Zubereitung für Sushi-Reis wird noch einmal ausführlich beschrieben. Außerdem gebe ich ein paar Tipps für Einkauf, Lagerung und Umgang mit Zutaten, und ihr erfahrt, welche Lebensmittel ihr möglichst im Haus haben solltet, um die Rezepte in diesem Buch ohne vorherigen Großeinkauf umsetzen zu können.

Tipps – no Tricks!

Mit Produktwissen und ein paar kleinen Kniffen wird das Küchenleben leichter. Hier ein paar, die bei der Auswahl der Zutaten oder bei der Zubereitung helfen:

// Ist der Fisch frisch? Wichtig sind klare Augen und festes Fleisch. Außerdem darf er ganz leicht nach Meer riechen, aber auf keinen Fall fischig.

// Beim Fischhändler gekauften Fisch zu Hause sofort aus dem Papier wickeln und in Klarsichtfolie verpacken. Sonst nimmt der Fisch einen muffigen Geschmack an.

// Fischfilet vor dem Braten in etwas Mehl wenden und kurz abklopfen. Die dünne Mehlschicht verhindert das Ankleben am Pfannenboden und sorgt für eine gleichmäßige Kruste.

// Fleisch etwa 30 Minuten vor dem Anbraten aus dem Kühlschrank nehmen, dann gart es gleichmäßiger.

// Fisch und Fleisch lassen sich im rohen Zustand wesentlich besser schneiden, wenn das Messer feucht ist. Wer mit dem dünnen Aufschneiden von Fleisch oder Fisch dann noch Probleme hat, kann beides vor der Verarbeitung kurz in die Tiefkühlung legen und leicht anfrieren lassen.

// Avocados rechtzeitig einkaufen, da es im Supermarkt oft nur sehr feste, unreife Avocados gibt. Diese reifen aber zu Hause noch nach, wenn sie in Zeitungspapier gewickelt und auf die Heizung gelegt werden.

// Avocados sind reif, wenn sie auf Fingerdruck von außen leicht nachgeben. Lässt sich die Schale jedoch ganz tief eindrücken, ist die Frucht überreif und hat ein braunes Fruchtfleisch. Perfekt sind Avocados mit einem »Ready to eat«-Aufkleber.

// Grünen oder weißen Spargel am besten in einem feuchten Küchentuch lagern. Im Gemüsefach verstaut, bleibt er so etwa drei Tage knackig und trocknet nicht aus.

// Zwiebeln schälen sich leichter, wenn sie vorher 20 Minuten in lauwarmem Wasser eingeweicht werden.

// Lasche Kräuter werden durch zehn Minuten in eiskaltem Wasser wieder fit.

// Bei Nori-Blättern gibt es eine raue und eine glatte Seite. Den Sushi-Reis immer auf die raue Seite streichen, so haftet er wesentlich besser.

// Holzstäbchentest: Das Öl zum Frittieren hat die richtige Temperatur, wenn sich beim Eintauchen eines Holzstäbchens kleine Bläschen am Holz bilden.

// Holzspieße sollten vor dem Grillen oder Braten in Wasser eingeweicht werden, damit sie nicht anfangen zu brennen.

// Beim Garen in Alufolie gehört das Gargut auf die glänzende Seite, dann klebt nichts an.

Selbst gemachte Saucen

Sicher gibt es alle Saucen auch im Asialaden zu kaufen. Aber selbst gemacht schmeckt viel besser. Außerdem weiß man dann wirklich, was drin ist.

Teriyaki-Sauce

für etwa 700 ml: 125 ml Mirin // 250 ml Geflügel-fond // 125 ml Sojasauce // 125 g Zucker // 1 gehäufter EL Speisestärke

Mirin in einen Topf füllen, auf dem Herd erhit-zen und ganz kurz aufkochen lassen. Geflügel-fond, Sojasauce und 125 ml Wasser dazugeben. Die Flüssigkeit noch einmal aufkochen, den Zucker hinzufügen und rühren, bis er sich völlig aufgelöst hat. Alles etwa 2 Minuten kochen lassen. Inzwischen die Speisestärke mit etwas Wasser anrühren, zur Sauce geben, ein letztes Mal aufkochen lassen und vom Herd nehmen. In ein Glas oder eine Flasche füllen und fest verschließen. Hält sich im Kühlschrank etwa drei Monate.

Süße Chilisauce

für etwa 250 ml: 1 Schalotte // 1 Knoblauch-zehe // 2 rote Chilischoten // 150 g Zucker // 150 ml Reisessig // 150 ml Geflügelfond // 1 EL Ketchup // 1 Sternanis // 1 Zimtstange

Schalotte und Knoblauchzehe schälen und fein hacken. Chilischoten waschen, Stielansatz entfernen und mit den Kernen fein schneiden. Den Zucker in einem Topf auf dem Herd erhitzen und karamellisieren. Bevor der Zucker braun wird, Chili, Schalotten- und Knoblauchwürfel hinzu-fügen, umrühren. Mit Essig und Fond ablöschen. Ketchup, Sternanis und Zimtstange dazugeben. Bei kleiner Hitze einkochen lassen, bis die Sauce dickflüssig ist. Vom Herd nehmen, in ein sauberes Glas füllen und fest verschließen. Hält sich im Kühlschrank mindestens vier Wochen.

Ponzu-Sauce

für etwa 250 ml: 50 ml Mirin // 2 EL Puderzucker // 50 ml Orangensaft, frisch gepresst // 50 ml Zitro-nensaft, frisch gepresst // 100 ml Sojasauce

Mirin in einen Topf geben und einmal aufkochen. Vom Herd nehmen, abkühlen lassen und mit den anderen Zutaten vermengen. Hält sich im Kühl-schrank mindestens vier Wochen.

Grundrezept für Sushi-Reis

für etwa 500 g: 300 g Sushi-Reis // 40 ml Sushizu (siehe rechts)

Sushi-Reis mit kaltem Wasser waschen, bis dieses klar bleibt. Reis mit etwa 300 ml kaltem Wasser in einen Reiskocher geben und nach Anleitung kochen. (Wer keinen Reiskocher hat, kocht Wasser im Topf auf, gibt den Reis dazu, kocht ihn bei geschlossenem Deckel auf kleinster Stufe und lässt ihn anschließend etwa 15 Minuten quellen.) Reis in eine Plastikschüssel geben. Sushizu zum Reis hinzufügen. Etwa 1 Minute vorsichtig unterrühren und danach bis zum Weiterverarbeiten mit einem feuchten Geschirrtuch abdecken.

Sushizu

für etwa 250 ml: 200 ml Reisessig // 170 g Zucker // 60 g Salz

Reisessig, Zucker und Salz in einen Topf geben, etwas erwärmen und so lange rühren, bis sich das Salz und der Zucker aufgelöst haben. Vom Herd nehmen, in eine saubere Flasche oder ein Glas füllen. Hält sich mindestens sechs Monate.

Was immer im Haus sein sollte

Ein paar Zutaten tauchen in vielen meiner Rezepte auf und sollten immer im Vorratsschrank stehen. Es gibt auch eine kleine Auswahl an verderblichen Lebensmitteln, die immer vorrätig sein sollten. Das erspart vor dem Kochen den Großeinkauf.

Haltbare Zutaten:
Balsamico
Cayennepfeffer
Currypaste
Geflügelfond (Glas)
Honig
Ingwer, eingelegter
Kartoffeln
Koriandersamen
Kreuzkümmelsamen
Mirin
Olivenöl
Pfeffer
Reisessig
Rote Zwiebeln und/oder Schalotten
Sake
Scharfe Chilisauce (Sriracha)
Salz
Senf
Sesamöl (dunkles; aus gerösteten Sesamsamen)
Sesamsamen (schwarz und hell)
Sojasauce (unbedingt japanische)
Sonnenblumenöl
Sushi-Reis
Teriyaki-Sauce
Tempura-Mehl
Wasabipaste
Weißweinessig
Zimtstangen
Zucker

Frische Zutaten:
Butter
Chilischoten
Crème fraîche
Eier
Ingwerwurzel
Knoblauch
Parmesan
Zitronen und/oder Limetten

Glossar besonderer Zutaten

Diese Zutaten gibt es im Asia-Fachhandel oder im gut sortierten Lebensmittelhandel.

Bonito-Flocken: hauchdünne Flocken aus getrocknetem Bonito (einer Thunfischart). Dazu wird das Fischfilet zunächst gekocht, getrocknet, mit einem Pilz geimpft und in Blöcke gepresst. Von diesen getrockneten Blöcken werden die Flocken mit einem speziellen Hobel abgeschabt.

Currypaste: die roten, grünen und gelben Pasten aus Gewürzen und Kräutern sind Grundbestandteil der thailändischen Küchen. Allen Pasten gemeinsam ist die deutliche Chilischärfe, wobei die grünen Pasten in der Regel die schärfsten sind. Die Produkte im Handel können diesbezüglich sehr unterschiedlich ausfallen, deswegen zunächst immer mit Vorsicht einsetzen. Die gelbe Currypaste kommt aus der südthailändischen und der malaiischen Küche und enthält indische Gewürze wie Kreuzkümmel und vor allem Kurkuma.

❶ **Daikon-Kresse:** Sprossen und Blättchen aus Samen des japanischen Daikon-Rettichs mit einem leicht scharfen, rettichtypischen Geschmack.

Dashi: Grundlage für alle japanischen Suppen. Sie wird durch das Erhitzen von getrockneten Bonito-Flocken (Katsuobushi) und Seetang (Kombu) hergestellt. Dashi-Brühe ist als Instantpulver erhältlich.

❷ **Edamame:** junge, grüne Sojabohnen. Tiefgefroren, geschält und ungeschält erhältlich, selten frisch und in der Hülse.

Eingelegter Ingwer: in Japan Gari genannt. Dafür werden geschälte Ingwerwurzeln in feine Scheiben geschnitten und in heißem Reisessig und Zucker eingelegt. Wird mit Wasabipaste und Sojasauce zu Sushi gereicht.

Fünf-Gewürze-Pulver: chinesische Würzmischung aus den Grundzutaten Sternanis, Szechuan-Pfeffer, Zimt, Fenchelsamen und Gewürznelke.

Hoisin-Sauce: Würzsauce aus der chinesischen und vietnamesischen Küche. Sie enthält fermentierte rote Sojabohnen, Zucker, Weizen- oder Reismehl, Süßkartoffelstärke, Knoblauch, Essig, Chili, Salz und Sesamöl.

Japanischer Chilipfeffer (Shichimi togarashi): japanische Gewürzmischung aus 7 Gewürzen (gemahlene Chilischoten, getrocknete Mandarinenschalen, Sesamsamen, Mohnsamen, Hanfsamen, Nori-Algen, Sansho-Pfeffer).

Kaffirlimettenblätter: Blätter der Kaffir- oder Kaffernlimette, einer Zitrusfrucht, die ursprünglich aus Malaysia stammt.

Mirin: süßer, teilweise vergorener japanischer Reiswein mit etwa 14 Prozent Alkohol, der nur zum Kochen verwendet wird.

❸ **Nori-Blätter:** getrocknete, geröstete und in quadratische Form gebrachte Meeresalgen (meist Rotalgen).

Panko-Brösel: auch einfach Panko oder Panko-Mehl genannt. Panko sind die Semmelbrösel der japanischen Küche. Aus Weißbrot ohne Rinde hergestellt, sind die Brösel sehr hell, fein und luftig. Grob zermahlene, altbackene Brötchen sind eine Alternative dazu.

❹ **Papaya:** ovale bis längliche Melonenbaumfrucht, die in den Tropen und Subtropen wächst.

❺ **Pomelo:** Kreuzung aus Pampelmuse und Grapefruit mit gelbem bis rosafarbenem Fruchtfleisch und einer erfrischenden, leichten Süße. Die Haut lässt sich leicht vom Fruchtfleisch lösen.

Ponzu-Sauce: japanische Grundsauce. Sie besteht aus japanischer Sojasauce, Sake, Zitronensaft und etwas Puderzucker. Manche Rezepturen enthalten auch Mirin oder Dashi.

Pul Biber: türkische Gewürzmischung aus getrockneten, zerstoßenen Paprika- und Chilischoten sowie Salz.

Rosa Pfefferbeeren: getrocknete Früchte des brasilianischen Pfefferbaums.

Sake: japanischer Reiswein mit einem Alkoholgehalt von 15–20 Prozent.

Sambal oelek: scharfe indonesische Chilipaste, die aus frischen Chilischoten, Essig und Salz zubereitet wird.

Sesampaste: auch Tahin, Tahini oder Tahina genannt. Eine feine Paste aus geschälten und ungeschälten Sesamsamen. Eine Grundzutat der nordafrikanischen und arabischen Küche.

❻ **Shiso-Kresse:** Blättchen der Japanischen Kresse (Oba), die einen leichten Pfeffergeschmack haben. Die Kresse gehört in Japan unabdingbar zu rohem Fisch.

Sriracha: scharfe thailändische Chilisauce aus Chilischoten, Essig, Knoblauch, Zucker und Salz.

❼ **Soba-Nudeln:** spaghettiähnliche japanische Nudeln aus Buchweizenmehl.

Surimi: eine feste, gepresste Masse aus den Resten von Frischfisch und dem Beifang der Industriefischerei, die mit Krebsaroma angereichert und orange eingefärbt wird. Häute, Gräten und Schalen werden allerdings vor der Verarbeitung aussortiert. Surimi dient häufig als Krabben- oder Garnelenersatz und wird auch in ähnliche Formen gepresst. Die einfachste Form sind die länglichen Surimi-Sticks.

Sushizu: Reisessigsauce mit Zucker oder Honig zur Herstellung von Sushi-Reis.

Szechuan-Pfeffer oder Chinesischer Pfeffer: nicht mit dem schwarzen Pfeffer verwandt, sondern mit den Zitrusfrüchten. Verwendet werden die getrockneten Samenkapseln.

Tandoori-Paste: indische Würzpaste, die häufig für Hähnchenfleisch verwendet wird und diesem die typisch rote Färbung verleiht. Sie besteht aus getrocknetem Chili, Kurkuma, Koriandersamen, Kreuzkümmelsamen, gemahlenen roten Linsen, Anissamen, Bockshornkleesamen, Gewürznelken, Zimt, Lorbeerblatt, Ingwer, Knoblauch, Essig, Öl und Salz.

Tempura-Mehl: besteht in der Regel aus Weizen-, Reis- und Maismehl sowie Backpulver.

Teriyaki-Sauce: japanische Würzsauce für Kurzgebratenes aus Sojasauce, Mirin, Sake und Honig oder Zucker.

Udon-Nudeln: dicke, japanische Nudeln aus Weizenmehl. Sie ähneln etwas den italienischen Linguine.

Wan-Tan-Blätter: bestehen, ähnlich wie Nudelteig, aus Mehl und Eiern. Sie werden beim Frittieren knusprig und beim Kochen weich. (Enthalten im Gegensatz zu Frühlingsrollenteig kein Öl.)

Wasabi: japanischer Wassermeerrettich. Seine scharfen Wurzeln werden zu einer hellgrünen Paste oder einem trockenen Pulver verarbeitet.

Wermut: mit Wermutkraut aromatisierter Likör mit etwa 18 Prozent Alkoholgehalt und einer ausgeprägten Bitternote, wobei der französische Wermut als trockener gilt als der italienische (z. B. Noilly Prat, Cinzano, Martini).

❽ **Zitronengras:** asiatische Süßgrasart mit Zitronenaroma.

Rezept- und Sachregister

Gewidmet ist dieses Buch Rainer Sass.
Noch mal Danke fürs Vor-die-Kamera-Zerren!

DORLING KINDERSLEY
London, New York, Melbourne, München und Delhi

Bibliografische Information Der Deutschen Bibliothek
Die Deutsche Bibliothek verzeichnet diese Publikation in der Deutschen
Nationalbibliografie; detaillierte bibliografische Daten sind im Internet
über http://dnb.ddb.de abrufbar.

Rezepte und Rezeptentwicklung: Steffen Henssler und Marcel Stut
Assistentin Rezeptentwicklung: Marion Heidegger
Foodstyling: Steffen Henssler und Gunnar Plischke
Foodfotografie, Portraits, Reportagen, Titel: Marc Eckardt
Foto Seite 6/7: Philipp Rathmer
Texte und Lektorat: Claudia Krader, München
Innengestaltung, Typografie, Realisation: Catherine Avak, München
Gesetzt aus der Arventa Sans von Ingo Preuß
Covergestaltung: KOSCH Werbeagentur, München
Repro: Repro Ludwig Prepress & Multimedia GmbH, Zell am See

Für den Dorling Kindersley Verlag
Programmleitung: Monika Schlitzer
Herstellungsleitung: Dorothee Whittaker
Schlussredaktion: Elke Homburg und Teresa Knoche

ISBN 978-3-8310-1838-3

Druck und Bindung: Firmengruppe Appl, Wemding

Besuchen Sie uns im Internet
www.dorlingkindersley.de